中国少年成长智慧书

书山寻径，滋养心灵

胡适　蔡元培　等　著

四川文艺出版社

图书在版编目（CIP）数据

书山寻径，滋养心灵 / 胡适等著. — 成都：四川
文艺出版社, 2021.4
（中国少年成长智慧书）
ISBN 978-7-5411-5900-8

Ⅰ.①书… Ⅱ.①胡… Ⅲ.①读书方法－文集 Ⅳ.
①G792-53

中国版本图书馆CIP数据核字（2021）第045707号

SHUSHAN XUNJING, ZIYANG XINLING

书山寻径，滋养心灵

胡 适 蔡元培 等 著

出 品 人　张庆宁
责任编辑　李国亮　陈雪媛
封面设计　鸿儒文轩
责任校对　段　敏
责任印制　桑　蓉

出版发行　四川文艺出版社（成都市槐树街2号）
网　　址　www.scwys.com
电　　话　028-86259287（发行部）　028-86259303（编辑部）
传　　真　028-86259306

邮购地址　成都市槐树街2号四川文艺出版社邮购部　610031
印　　刷　阳谷毕升印务有限公司
成品尺寸　145mm×210mm　　　开　　本　32开
印　　张　7　　　　　　　　　字　　数　120千
版　　次　2021年4月第一版　　印　　次　2021年4月第一次印刷
书　　号　ISBN 978-7-5411-5900-8
定　　价　30.00元

序　言

　　这是一套给少年读的成长智慧书，是帮助少年儿童成长的引导书。本书充分运用循序渐进的学习手段，适合少年儿童慢读。书中的美文能对少年的成长起到护航保驾的作用，在促进少年儿童情商、智慧、心性成长等方面，极富价值。

　　苏格拉底曾对弟子说："人生就是一次无法重复的选择。"命运没有彩排，时刻都是现场直播。为了少走弯路，我们可以借鉴前人的经验，追寻前人的脚步。前事不忘，后事之师，我们会从中吸取经验，从而使自己的生命在有限的时间里无限延展。

　　"中国少年成长智慧书"系列崇尚"读万卷书，不如行万里路；行万里路，不如阅人无数。最后形成自由独立之人格，达到高尚人生境界"。并按此思路进行编选。精选名家大师作品，从读书、行路、阅人、做人四个方面对少年儿童的成长进行深层指导和影响。

编者在每篇文章前，对作者做了介绍，并附上了写作背景或感悟体会，方便读者在阅读时更好地理解作者当时的写作心情及境遇。

《书山寻径，滋养心灵》精选名人论述关于书籍与读书的文章，选文内容广泛，文章挥洒自如，妙趣横生。大师们的心得与感悟，洒播了一路的智慧之光，像路标指引着我们前进的方向。大师们精彩的文字，让我们能够懂得阅读是一个人的旅程，需要坚定心性，一路向前。

《遍观天下，胸有丘壑》将带领我们去往世界各处，用眼看世界，用心思考世界与成长。旅行，不只风景，更多的是创意和智慧的收获！读万卷书，行万里路。旅行，是打开视野的一个窗口，更是一次知识的大充电。跟随大师的脚步，阅读这些精彩的美文，让今天的我们在欣赏优美文字的同时，对历史、对自然、对世界也有更多了解。

《练会金口才，铸就演讲家》带领大家领略名家风采。演讲，不仅是语言的艺术，更是智慧的结晶，是振奋人心的呐喊。每一篇成功的演讲都是人们经过深思熟虑，将生活阅历、实践真知、人生智慧和语言技巧融为一体的结果，是每一位先辈的高光时刻。"三人行，必有我师焉"，本书中振奋人心的名人演讲，无一不是绝佳的思想盛宴，是这个世界上充满智慧的灯塔，值得每个青少年认真观阅和学习。

《学会舍得，成就未来》概括了孩子应该具备的三种极其重要的素质：自省、包容和赞美。这些充满哲理而又富有情节的故事，能激起他们读下去的欲望，进而引发他们的思考。孩子们就是在这种阅读的过程中开动脑筋、增长知识、完善性格、塑造心灵的。人生的美德与智慧就像散落的沙子，我们每天收集哪怕一粒，总有一天会聚沙成塔，收获一个灿烂的明天。

少年正处于个体人生观、价值观、世界观形成的关键时期，应该更多地接触具有大智慧之文章，使自己形成大格局、大视野，构建大的美学观念和高远的理想信念，成就具有大智慧的三观。愿我们精心编选的这部书如和煦春风、淅沥春雨，催生出已然萌动于少年儿童心中的美丽新芽。抬眼望去，一道道幸运之门、成功之门、快乐之门、幸福之门和智慧之门将瞬间开启。

本书系作品为保留原文风貌，当年习惯使用字词与今不同者，均不改动，只对其中明显错别字和今人容易产生歧义之处，按今日出版要求订正。作品标点与今日规范相异者，一律依旧。作品中所遇外语词汇翻译与今译不合者，保留原貌。

编　者
2020 年夏

目录

第二章 带你一起去思考

第三章　分享读书的快乐

第一章　和你一起去阅读

大师们的心得与感悟，洒播了一路的智慧之光，像路标指引着我们前进的方向。透过大师们精彩的文字，让我们能够懂得阅读是一个人的旅程，需要坚定心性，一路向前。

为什么读书

胡　适 (1891—1962)

　　中国现代著名学者、教育家。安徽绩溪人。留学美国，师从杜威，获哲学博士学位。1938年后，先后任国民党驻美大使、北京大学校长等职。1948年起长居美国。1962年卒于中国台湾。主要作品收入远流出版公司《胡适文存》。本文为1930年11月下旬胡适在上海青年会做的一场关于"为什么读书"的演讲。

　　青年会叫我在未离南方赴北方之前在这里谈谈，我很高兴，题目是"为什么读书"。现在读书运动大会开始，青年会拣定了三个演讲题目。我看第二个题目"怎样读书"很有兴味，第三个题目"读什么书"更有兴味，第一个题目无法讲，

"为什么读书"，连小孩子都知道，讲起来很难为情，而且也讲不好。所以我今天讲这个题目，不免要侵犯其余两个题目的范围，不过我仍旧要为其余两位演讲的人留一些余地。现在我就把这个题目来试一下看。我从前也有过一次关于读书的演讲，后来我把那篇演讲录略事修改，编入三集《文存》里面，那篇文章题目叫作"读书"，其内容性质较近于第二个题目，诸位可以拿来参考。今天我就来试试"为什么读书"这个题目。

从前有一位大哲学家作了一篇《读书乐》，说到读书的好处，他说："书中自有千钟粟，书中自有黄金屋，书中自有颜如玉。"这意思就是说，读了书可以做大官，获厚禄，可以不至于住茅草房子，可以娶得年轻的漂亮太太（台下哄笑）。诸位听了笑起来，足见诸位对于这位哲学家所说的话不十分满意，现在我就讲所以要读书的别的原因。

为什么要读书？有三点可以讲：第一，因为书是过去已经知道的知识学问和经验的一种记录，我们读书便是要接受这人类的遗产；第二，为要读书而读书，读了书便可以多读书；第三，读书可以帮助我们解决困难，应付环境，并可获得思想材料的来源。我一踏进青年会的大门，就看见许多关于读书的标语。为什么读书，大概诸位看了这些标语就都已知道了，现在我就把以上三点更详细地说一说。

第一，因为书是代表人类老祖宗传给我们的知识的遗产，我们接受了这遗产，以此为基础，可以继续发扬光大，更在这基础之上，建立更高深更伟大的知识。人类之所以与别的动物不同，就是因为人有语言文字，可以把知识传给别人，又传至后人，再加以印刷术的发明，许多书报便印了出来。人的脑很大，与猴不同，人能造出语言，后来更进一步而有文字，又能刻木刻字，所以人最大的贡献就是能累积过去的知识和经验，使后人可以节省很多脑力。非洲野蛮人在山野中遇见鹿，他们就画了一个人和一只鹿以代信，给后面的人叫他们勿追。但是把知识和经验遗给儿孙有什么用处呢？这是有用处的，因为这是前人很好的教训。现在学校里各种教科书，如物理、化学、历史等等，都是根据几千年来进步的知识编纂成书的，一年、两年，或者三年教完一科。自小学、中学，而至大学毕业，这十六年所受的教育，都是代表我们老祖宗几千年来得来的知识学问和经验，所谓进化，就是叫人节省劳力。蜜蜂虽能筑巢，能发明，但传下来就只有这一点知识，没有继续去改革改良，以应付环境，没有做格外进一步的工作。人呢，达不到目的，就再去求进步，而以前人的知识学问和经验作参考。如果每样东西，要各个人从头学起，而不去利用过去的知识，那不是太麻烦了吗？所以人有了这知识的遗产，就可以自己去成家立业，就可以缩短工作，使有余力做别的事。

　　第二点稍复杂，就是为读书而读书，为求过去的知识而读书。不错，知识可以从书本中得来，但读书不是那么容易的一件事情，不读书不能读书，要能读书才能多读书。好比戴了眼镜，小的可以放大，模糊的可以看得清楚，远的可以变近，所以读书要戴眼镜。不读书，学问不能进去，读书没有门径，学问也不能进去。王安石对曾子固说过："读经而已，则不足以知经。"所以他对于《本草纲目》《内经》、小说，无所不读，这样对于经才可以明白一些，所谓"致已知而后读"，读书无非扩充知识而已。

　　我十二岁时，各种小说都看得懂，到了三十年以后，再回头看，很多不懂。讲到《诗经》，从前以为讲的是男女爱情、文王后妃一类的事，从前是戴了一副黑眼镜去看，现在换了一副眼镜，觉得完全不同。现在才知道《诗经》和民间歌谣很有关系。对于民间歌谣的研究，近来很有进步，北平有《歌谣周刊》《歌谣丛书》，关于各地歌谣收罗很广。我们如果能把歌谣的文章，社会学，人类学，研究一下，就可以知道幼稚时代的环境和生活很有趣味，例如《诗经》里有一段说："白茅包之，有女怀春，吉士诱之。"在从前眼光看来，觉得完全讲不通，现在才知道当时野蛮人社会有一种风俗，就是男子向女子求婚，要打野兽送到女家，若不收，便是不答应。还有《诗经》里"窈窕淑女"一节，从比较民族学眼光看来，我们可以知道当时社会的人，吃饭时可以打鼓弹琴，丝毫没有受礼教的束缚。再从文法方面来观察，像《诗经》里"之子于归""黄鸟于飞""凤凰于飞"的"于"字，此外，《诗经》里又有几百个"维"字，这些都是有作用无意义的虚字，但以前的人却从未注意及此。所以书是越看越有意义，书越多读越能读书。

再说在《墨子》一书里，差不多各种学问都有，像光学、力学、逻辑、算学、几何学上的圆和平行线，以及经济学上的购买力和货币，几乎什么都讲到了，但你要懂得光学，才能懂得墨子所说的光，你要懂得各种知识，才能懂得《墨子》。总之，读书是为了要读书，多读书更可以读书。最大的毛病就在怕读书，怕书难读。越难读的书我们越要征服它们，把它们作为我们的奴隶或向导。我们要打倒难读，这才是我们的"读书乐"，若是我们有了基础的科学知识，那么，我们在读书时便能左右逢源。我再说一遍，读书的目的在于读书，要读书越多才可以读书越多。

第三点，读书可以帮助解决困难，应付环境，供给思想材料，知识是思想材料的来源。思想可分作五步，思想的起源是大的疑问。吃饭拉屎不用想，但逢着三岔路口，十字街头那样的环境，就发生困难了。走东或是走西，这样做或是那样做，困难很多。病有各样的病，发烧，头痛，多得很。第二步要把问题弄清，困难弄清。第三步才想到如何解决。读书就是出主意，暗示，但主意很多，于是又逢着困难。主意多少要看学问多少。都采用也不行。第四步就是要选择一个假定的解决方法。要想到这一个方法能不能解决，若不能，那么，就换了一个，若能就行了。这好比开锁，这一个钥匙开不出就换了一个，假定是可以开的，那么，问题就解决了。第五步就是试验。凡是有条理的思想都要经过这五步，或是逃不了这五个阶段。科学家要解决问题，侦探要侦探案件，多经过这五步。

　　第三步主意或暗示很多，若无主意，便无办法，没有主意，便不知道怎样办，这是因为知识不够，学力不足，经验不丰富，从来没有想到，所以到要解决问题时便没有材料。读书是过去知识学问经验的记录，而知识学问经验就是要用在这时候，所谓养军千日，用兵一朝。否则，学问一些都没有，遇到困难就要糊涂起来。例如达尔文把生物变迁现象研究了几十年，却想不出什么原则去解决，后来无意中看到马尔萨斯的《人口论》，说人口是按照几何学级数一倍一倍地增加，粮食是按照数学级数增加，达尔文研究了这原则，忽然触机，就把这原则应用到生物学上去，创了物竞天择的学说。

　　譬如一条鱼可以产生二百万鱼子，这样，太平洋应该占满了，然而大鱼要吃小鱼，更大的鱼要吃大鱼，所以生物要适应环境才能生存。但按照经济学原则，达尔文主义是很没有条理的，而我们读书就是要解决这个困难。又譬如从前的人以为地球是世界的中心，后来天文学家哥白尼却主张太阳是世界的中心。据罗素说，哥白尼所以这样的解说，是因为希腊人已经讲过这句话，哥白尼想到了这句话可以解决这问题，便采用了。假使希腊没有这句话，在一千八百多年之后恐怕没有人敢说这句话吧。

这就是读书的好处。像这样当初逢着困难后来得到解决的事很多，单说我个人就有许多。在我的书房里有一部小说叫作《醒世姻缘》，是西周生所著，自然用的是假名字，这是17、18世纪间的出品，印好在家藏了六年。这部小说讲到婚姻问题，其内容是这样：有个好老婆，不知何故，后来忽然变坏，作者没有提及解决方法，也没有想到可以离婚，只说是前世作孽，因为在前世男虐待女，女就投生换样子，压迫者变为被压迫者。这种前世作孽，起先相爱，后来忽变的故事，我仿佛什么地方看见过，后来在《聊斋》一书中见到一篇和这相类似的笔记，也是说到一个女子，起先怎样爱着她的丈夫，后来怎样变为凶太太，便想到这部小说大约是蒲留仙或是蒲留仙的朋友做的。去年我看到一本杂志，也说是蒲留仙做的，不过没有证据。今年我在北平，才找到了证据。

这一件事可以解释刚才我所说的第二点，就是读书是为了要读书而读书，同时也可以解释第三点，就是读书可以供给出主意的来源。当初若是没有主意，到了逢着困难时便要手足无措，所以读书可以解决问题，就是军事、政治、财政、思想等问题，也都可以解决，这就是读书的用处。我有一位朋友，有一次傍着洋灯看小说，洋灯装有油，但是不亮，因为灯芯短了。于是他想到《伊索寓言》里有一篇故事，说是一只老鸦要喝瓶中的水，因为瓶太小，得不到水，它就衔石投瓶中，水乃上来。这位朋友是懂得化学的，加水于灯中恐怕不亮，于是投以铜元，油乃碰到灯芯。这是看《伊索寓言》看小说给他的帮助。读书好像用兵，养兵求其能用，否则即使有十万、二十万的大兵也没有用处，有的时候还要兵变呢。

至于"读什么书"，下次陈中凡先生要讲演，今天我也附带地讲一讲。我从五岁起到了四十岁，读了三十五年的书。究竟有几部书应该读，我也曾经想过。其中有条理有系统的书可以说是还没有两三部，至于精心结构之作，二千五百年以来恐怕只有半打。譬如《老子》这部书，今天说一句"道可道"，明天又说一句"非常道"，没有一些系统。集是杂货店，史和子还是杂货店。至于《诗经》《礼记》《易经》也只有一点形式，讲到内容，可以说没有一些东西可以给我们改进道德增进知识的帮助的。中国书不够读乐趣，我们要另开生路，辟殖民地。读书要读到有乐而无苦。能做到这地步，书中便有无穷。希望大家不要怕读书，起初的确要查阅字典，但假使能下一年苦功，能把所读的书的内容句句分析清楚，这样的继续不断做去，那么，在一二年中定可开辟一个乐园，还只怕求知的欲望太大，来不及读呢。我总算是老大哥，今天我就根据我过去三十五年读书的经验，给你们这一个临别的忠告。

读 书

胡　适

　　胡适先生认为，读书有两个要素：第一要精，第二要博。所谓精，要做到四个到，即"眼到、口到、心到、手到"。所以读书人的理想状态就是既要精深，又要博大。精深是指他专业的方面，博大是他的旁征博引。精深要几乎唯他独尊，无人能及，博大要几乎无所不知，无不涉猎。

　　"读书"这个题，似乎很平常，也很容易。然而我却觉得这个题目很不好讲。据我所知，"读书"可以有三种说法：

　　（一）要读何书。关于这个问题，《京报副刊》上已经登了许多时候的"青年必读书"；但是这个问题，殊不易解决，因为个人的见解不同，个性不同。各人所选只能代表各人的嗜好，没有多大的标准作用。所以我不讲这一类的问题。

（二）读书的功用。从前有人作"读书乐"，说什么"书中自有千钟粟，书中自有黄金屋，书中自有颜如玉"，现在我们不说这些话了。要说，读书是求知识，知识就是权力。这些话都是大家会说的，所以我也不必讲。

（三）读书的方法。我今天是想根据个人经验，同诸位谈谈读书的方法。

我的第一句话是很平常的，就是说，读书有两个要素：

第一要精。

第二要博。

现在先说什么叫"精"。

我们小的时候读书，差不多每个小孩都有一条书签，上面写十个字，这十个字最普遍的就是"读书三到：眼到，口到，心到"。现在这种书签虽不用，三到的读书法却依然存在。不过我以为读书三到是不够的；须有四到，是："眼到，口到，心到，手到。"我就拿它来说一说。

眼到是要个个字认得，不可随便放过。这句话起初看去似乎很容易，其实很不容易。读中国书时。每个字的一笔一画都不放过，近人费许多功夫在校勘学上，都因古人忽略一笔一画而已。读外国书要把 A、B、C、D 等字母弄得清清楚楚。

所以说这是很难的。如有人翻译英文，把 port 看作 pork，把 oats 看作 oaks，于是葡萄酒一变而为猪肉，小草变成了大树。说起来这种例子很多，这都是眼睛不精细的结果。书是文字做成的，不肯仔细认字，就不必读书。眼到对于读书的关系很大，一时眼不到，贻害很大，并且眼到能养成好习惯，养成不苟且的人格。

口到是一句一句要念出来。前人说口到是要念到烂熟背得出来。我们现在虽不提倡背书，但有几类的书，仍旧有熟读的必要：如心爱的诗歌，如精彩的文章，熟读多些，于自己的作品上也有良好的影响。读此外的书，虽不须念熟，也要一句一句念出来，中国书如此，外国书更要如此，念书的功用能使我们格外明了每一句的构造，句中各部分的关系。往往一遍念不通，要念两遍以上，方才能明白的。读好的小说尚且要如此，何况读关于思想学问的书呢？

心到是每章每句每字意义如何？何以如是？这样用心考究。但是用心不是叫人枯坐冥想，是要靠外面的设备及思想的方法的帮助。要做到这一点，须要有几个条件：

（一）字典，辞典，参考书等工具要完备。这几样工具虽不能办到，也当到图书馆去看。我个人的意见是奉劝大家，当衣服，卖田地，至少要置备一点好的工具。比如买一本《韦氏大字典》，胜于请几个先生。这种先生终身跟着你，终身享受不尽。

（二）要做文法上的分析。用文法的知识，做文法上的分析，要懂得文法构造，方才懂得它的意义。

（三）有时要比较参考，有时要融会贯通，方能了解。不可单看字面。一个字往往有许多意义，读者容易上当。例如 turn 这字：

作外动字解有十五解，

作内动字解有十三解，

作名词解有二十六解，

共五十四解，而成语不算。

又如 strike：

作外动字解有三十一解，

作内动字解有十六解，

作名词解有十八解，

共六十五解。

又如 go 字最容易了，然而这个字：

作内动字解有二十二解，

作外动字解有三解，

作名词解有九解，

共三十四解。

以上是英文字须要加以考究的例子。英文字典是完备的；

但是某一字在某一句究竟用第几个意义呢？这就非比较上下文，或贯串全篇，不能懂了。

中文较英文更难，现在举几个例：

祭文中第一句"维某年月日"之"维"字，究作何解？字典上说它是虚字。《诗经》里"维"字有二百多，必须细细比较研究，然后知道这个字有种种意义。

又《诗经》之"于"字，"之子于归""凤凰于飞"等句，"于"字究作何解？非仔细考究是不懂的。又"言"字人人知道，但在《诗经》中就发生问题，必须比较，然后知"言"字为连接字。诸如此例甚多，中国古书很难读，古字典又不适用，非是用比较归纳的研究方法，我们如何懂得呢？

总之，读书要会疑，忽略过去，不会有问题，便没有进益。

宋儒张载说："读书先要会疑。于不疑处有疑，方是进矣。"

他又说："在可疑而不疑者，不曾学。学则须疑。"又说，"学贵心悟，守旧无功。"

宋儒程颐说："学源于思。"

这样看起来，读书要求心到；不要怕疑难，只怕没有疑难。工具要完备，思想要精密，就不怕疑难了。

现在要说手到。手到就是要劳动劳动你的贵手。读书单靠眼到，口到，心到，还不够的；必须还得自己动动手，才有所得。例如：

（1）标点分段，是要动手的。

（2）翻查字典及参考书，是要动手的。

（3）做读书札记，是要动手的。札记又可分四类：

（a）抄录备忘。

（b）作提要，节要。

（c）自己记录心得。张载说："心中苟有所开，即便札记。不则还塞之矣。"

（d）参考诸书，融会贯通，作有系统的著作。

手到的功用。我常说：发表是吸收知识和思想的绝妙方法。吸收进来的知识思想，无论是看书来的，或是听讲来的，都只是模糊零碎，都算不得我们自己的东西。自己必须做一番手脚，或做提要，或做说明，或做讨论，自己重新组织过，申叙过，用自己的语言记述过，——那种智识思想方才可算是你自己的了。

我可以举一个例。你也会说"进化"，他也会谈"进化"，但你对于"进化"这个观念的见解未必是很正确的，未必是很清楚的；也许只是一种"道听途说"，也许只是一种时髦的口号。这种知识算不得知识，更算不得是"你的"知识。假使你听了我这句话，不服气，今晚回去就去遍翻各种书籍，仔细研究进化论的科学上的根据；假使你翻了几天书之后，发愤动手，把你研究所得写成一篇读书札记；假使你真动手写了这么一篇《我为什么相信进化论？》的札记，列举了：

（一）生物学上的证据；

（二）比较解剖学上的证据；

（三）比较胚胎学上的证据；

（四）地质学和古生物学上的证据；

（五）考古学上的证据；

（六）社会学和人类学上的证据。

到这个时候，你所有关于"进化论"的知识，经过了一番组织安排，经过了自己的去取叙述，这时候这些知识方才可算是你自己的了。所以我说，发表是吸收的利器；又可以说，手到是心到的法门。

至于动手标点，动手翻字典，动手查书，都是极要紧的读书秘诀，诸位千万不要轻轻放过。内中自己动手翻书一项尤为要紧。我记得前几年我曾劝顾颉刚先生标点姚际恒的《古今伪书考》。当初我知道他的生活困难，希望他标点一部书付印，卖几个钱。那部书是很薄的一本，我以为他一两个星期就可以标点完了。哪知顾先生一去半年，还不曾交卷。原来他于每条引的书，都去翻查原书，仔细校对，注明出处，注明原书卷第，注明删节之处。他动手半年之后，来对我说，

《古今伪书考》不必付印了，他现在要编辑一部疑古的丛书，叫作"辨伪丛刊"。我很赞成他这个计划，让他去动手。他动手了一两年之后，更进步了，又超过那"辨伪丛刊"的计划了，他要自己创作了。他前年以来，对于中国古史，做了许多辨伪的文字；他眼前的成绩早已超过崔述了，更不要说姚际恒了。顾先生将来在中国史学界的贡献一定不可限量，但我们要知道他成功的最大原因是他的手到的功夫勤而且精。我们可以说，没有动手不勤快而能读书的，没有手不到而能成学者的。

第二要讲什么叫"博"。

什么书都要读，就是博。古人说"开卷有益"，我也主张这个意思，所以说读书第一要精，第二要博。我们主张"博"有两个意思：

第一，为预备参考资料计，不可不博。

第二，为做一个有用的人计，不可不博。

第一，为预备参考资料计。

在座的人，大多数是戴眼镜的。诸位为什么要戴眼镜？岂不是因为戴了眼镜，从前看不见的，现在看得见了；从前很小的，现在看得很大了；从前看不分明的，现在看得清楚分明了？

王荆公说得最好：

世之不见全经久矣。读经而已，则不足以知经。故某目百家诸子之书，至于《难经》《素问》《本草》诸小说，无所不读；农夫女工，无所不问；然后于经为能知其大体而无疑。盖后世学者与先王之时异矣；不如是，不足以尽圣人故也。……致其知而后读，以有所去取，故异学不能乱也。惟其不能乱，故能有所去取者，所以明吾道而已。(《答曾子固》)

他说："致其知而后读。"又说："读经而已，则不足以知经。"即如《墨子》一书在一百年前，清朝的学者懂得此书还不多。到了近来，有人知道光学、几何学、力学、工程学……一看《墨子》，才知道其中有许多部分是必须用这些科学的知识方才能懂的。后来有人知道了伦理学、心理学……懂得《墨子》更多了。读别种书愈多，《墨子》愈懂得多。

所以我们也说，读一书而已则不足以知一书。多读书，然后可以专读一书。譬如读《诗经》，你若先读了北大出版的《歌谣周刊》，便觉得《诗经》好懂得多了；你若先读过社会学、人类学，你懂更多了；你若先读过文字学、古音韵学，你懂得更多了；你若读过考古学、比较宗教学等，你懂得的更多了。

你要想读佛家唯识宗的书吗？最好多读点伦理学、心理学、比较宗教学、变态心理学。无论读什么书总要多配几副好眼镜。

你们记得达尔文研究生物进化的故事吗？达尔文研究生物演变的现状，前后凡三十多年，积了无数材料，想不出一个简单贯串的说明。有一天他无意中读马尔萨斯的人口论，忽然大悟生存竞争的原则，于是得着物竞天择的道理，遂成一部破天荒的名著，给后世思想界打开一个新纪元。

所以要博学者，只是要加添参考的材料，要使我们读书时容易得"暗示"；遇着疑难时，东一个暗示，西一个暗示，就不至于呆读死书了。这叫作"致其知而后读"。

第二，为做人计。

专工一技一艺的人，只知一样，除此之外，一无所知。这一类的人，影响于社会很少。好有一比，比一根旗杆，只是一根孤拐，孤单可怜。

又有些人广泛博览，而一无所专长，虽可以到处受一班贱人的欢迎，其实也是一种废物。这一类人，也好有一比，比一张很大的薄纸，禁不起风吹雨打。

在社会上，这两种人都是没有什么大影响，为个人计，也很少乐趣。

理想中的学者，既能博大，又能精深。精深的方面，是他的专门学问。博大的方面，是他的旁搜博览。博大要几乎无所不知，精深要几乎唯他独尊，无人能及。他用他的专门学问做中心，次及于直接相关的各种学问，次及于间接相关的各种学问，次及于不很相关的各种学问，以次及毫不相关的各种泛览。这样的学者，也有一比，比埃及的金字三角塔。那金字塔（据最近《东方杂志》，第二十二卷第六号，页一四七）高四百八十英尺，底边各边长七百六十四英尺。塔的最高度代表最精深的专门学问；从此点以次递减，代表那旁收博览的各种相关或不相关的学问。塔底的面积代表博大的范围，精深的造诣，博大的同情心。这样的人，对社会是极有用的人才，对自己也能充分享受人生的趣味。宋儒程颢说的好：

须是大其心使开阔：譬如为九层之台，须大做脚始得。

博学正所以"大其心使开阔"，我曾把这番意思编成两句粗浅的口号，现在拿出来贡献给诸位朋友，作为读书的目标：为学要如金字塔，要能广大要能高。

阅读什么

夏丏尊（1886—1946）

浙江绍兴人。少年时代从塾师读经书，后留学日本，因经济困窘辍学。二十一岁时回国，在中学执教多年。后与叶圣陶等创办开明书店和《中学生》杂志。曾与叶圣陶合著《文心》，用小说对话形式讲解语文知识和写作技巧，对青年影响极大。主要著作有《平屋杂文》《文章作法》《现代世界文学大纲》等，译作有《爱的教育》《近代日本小说集》等，出版有《夏丏尊选集》《夏丏尊文集》。本文是面向中学生演讲的广播稿。

中学生诸君：我在这回播音所担任的是中学国语科的节目。国语科有好几个方面，我想对诸君讲的是些关于阅读方面的话。预备分两次讲,一次讲"阅读什么",一次讲"怎样阅读"。今天先讲"阅读什么"。

让我在未讲到正文以前,先发一句荒唐的议论。我以为书这东西是有消灭的一天的。书只是供给知识的一种工具,供给知识其实并不一定要靠书。试想,人类的历史不知已有多少年,书的历史比较起来是很短很短的。太古的时代并没有书,可是人类也竟能生活下来,他们的知识远不及近代人,却也不能说全没有知识。足见书不是知识的唯一的来源,要得知识并不一定要靠书的了。古代的事,我们只好凭想象来说,或者有些不可靠,再看现在的情形吧。今天的讲演是用无线电播送给诸君听的,假定听的有一万人,如果我讲得好,有益于诸君,那效力就等于一万个人各读了一册"读书法"或"读书指导"等类的书了。我们现在除无线电话以外还有电影可以利用,历史上的事件,科学上的制造,如果用电影来演出,功效等于读历史书和科学书。假定有这么一天,无线电话和电影发达得很进步普遍,放送的材料有人好好编制,适于各种人的需要,那么书的用处会逐渐消灭,因为这些利器已可代替书了。我们因了想象知道太古时代没有书,将来也可不必有书,书的需要可以说是一种过渡时代的现象。

今天所讲的题目是"阅读什么",方才这番议论好像有些荒唐,文不对题。其实我的意思只是想借此破除许多读书的错误观念。我也承认书本在今日还是有用的，我们生存在今日，要求知识，最普通、最经济的方法还是读书。可是一向传下来的读书观念，很有许多是错误的。有些人把读书认为高尚的风雅事情，把书本当作玩好品古董品，好像书这东西是与实际生活无关，读书是实际生活以外的消遣工作。有些人把书认为唯一的求学的工具，以为所谓求知识就是读书的别名，书本以外没有知识的来路。这两种观念都是错误的，犯前一种错误的以一般人为多，犯后一种错误的大概是青年人，尤其是日日手捏书本的中学生诸君。

我以为书只是求知识的工具之一，我们为了要生活，要使生活的技能充实，就得求知识。所谓知识，决不是什么装饰品，只是用来应付生活，改进生活的技能。譬如说，我们因为要在自然界中生存，要知道利用自然界理解自然界的情形，才去学习物理、化学和算学等科目；我们因为要在这世界上做人，才去学习世界情形，修习世界史和世界地理等科目；我们因为要做现在的中国人民，才去学习本国历史、地理、公民等科目。学习的方法可有各式各样，有时须用实验的方法，有时须用观察的方法，有时须用演习的方法，并不一定都依靠书。只因为书是文字写成的，文字是最便利的东西，可把世间一切的事情，一切的道理都记载出来，印成了书，随时随地可以翻看，所以书就成了求知识的重要的工具，值得大众来阅读了。

以上是我对于书的估价，下面就要讲到今天的题目"阅读什么"了。

青年人应该读些什么书？这是一个从古以来的大问题，对于这问题从古就有许多人发表过许多议论，近十年来这问题也着实热闹，有好几位先生替青年开过书目单，其中比较有名的是梁启超先生和胡适之先生所开的单子。诸君之中想必有许多人见过这些单子的。我今天不想再替诸君另开单子，只想大略地告诉诸君几个着手的方向。

我想把读书和生活两件事联成一气、打成一片来说，在我的见解，读书并不是风雅的勾当，是改进生活、丰富生活的手段，书籍并不是茶余酒后的消遣品，乃是培养生活上知识技能的工具。一个人该读些什么书，看些什么书，要依了他自己的生活来决定、来选择。我主张把阅读的范围，分成三个：（一）是关于自己的职务的，（二）是参考的，（三）是关于趣味或修养的。举例子来说，做内科医生的，第一应该阅读的是关于内科的书籍杂志，这是关于自己职务的阅读，属于第一类。次之是和自己的职务无直接关系，可以作研究上的参考，使自己的专门知识更丰富确切的书，如因疟疾的研究，而注意到蚊子的种类，便去翻某种生物学书；因了疟蚊的分布，便去翻阅某种地理书；因了某种药物的性质，便去查检某种的植物书，矿物书；因了某一词儿的怀疑，便去翻查某种辞典，这是参考的阅读，属于第二类。再次之这位医生除了医生的职务以外，当然还有趣味或修养的生活，在趣味方面他如果是喜欢下围棋的，不妨看看关于围棋的书，如果是喜欢摄影的，不妨看看关于摄影的书，如果是喜欢文艺的，不妨看看诗歌、小说一类的书，在修养方面，他如果是有志于品性的修炼的，自然会去看名人传记或经典格言等类的书，如果是觉得自己身体非锻炼不可的，自然会去看游泳、运动等类的书。这是趣味或修养方面的阅读，属于第三类。第一类关于职务的书是各人不相同的，银行家所该阅读的书和工程师不同，农业家所该阅读的书和音乐家不同。第二类的参考书，是因了专门业务的研究随时连类牵涉到的，也不能划出一定的种数。至于第三类的关于趣味或修养的书，更该让各个人自由分别选定。总而言之，读书和生活应该有密切的关联。

上面我把阅读的范围分为三个：（一）是关于个人职务的，（二）是参考的，（三）关于趣味或修养的。下面我将根据了这几个原则对中学生诸君讲"阅读什么"的问题。

先讲关于职务的阅读。诸君的职务是什么呢？诸君是中学生，职务就在学习中学校的各种功课。诸君将来也许会做官吏、做律师、开商店、做教师，各有各的职务吧，现在却都在中学校受着中等教育，把中学校所规定的各种功课，好好学习，就是诸君的职务了。诸君在职务上该阅读的书不是别的，就是学校规定的各种教科书。诸君对于我这番话也许会认为无聊吧，也许有人说，我们每日捧了教科书上课堂、下课堂，本来天天在和教科书做伴侣，何必再要你来嘈杂呢？可是，我说这番话，自信态度是诚恳的。不瞒诸君说，我也曾当过许多年的中学教师，据我所晓得的情形，中学生里面能够好好地阅读教科书的人并不十分多。有些中学生喜欢读小说，随便看杂志，把教科书丢在一边，有些中学生爱读英文或国文，看到理化算学的书就头痛。这显然是一种偏向的坏现象。一般的中学生虽没有这种偏向的情形，也似乎未能充分地利用教科书。教科书专为学习而编，所记载的只是各种学科的大纲，原并不是什么了不得的著作，但对于学习还是有价值的工具。学习一种功课，应该以教科书为基础，再从各方面加以扩充，加以比较、观察、实验、证明等种种切实的功夫，并非胡乱阅读几遍就可了事。举例来说，国语科的读书，通常是用几篇选文编成的，假定一册国文读本共有三十篇文章，你光是把这三十篇文章读过几遍，还是不够，你应该依据了这些文章作种种进一步的学习，如文法上的习惯咧、修辞上的方式咧、断句和分段的式样咧，诸如此类的事项，你都须依据了这些文章来学习，收得扼要的知识才行。

仅仅记牢了文章中所记的几个故事或几种议论，不能算学过国语一科的。再举一个例来说，算学教科书里有许多习题，你得一个一个地演习，这些习题，一方面是定理或原则的实际上的应用，一方面是使你对于已经学过的定理或原则更加明了的。例如四则问题有种种花样，龟鹤算咧、时计算咧、父子年岁算咧，你如果只演习了一个个的习题，而不能发见这些习题中的共通的关系或法则，也不好称为已学会了四则。依照这条件来说，阅读教科书并非容易简单的工作了。中学科目有十几门，每门的教科书先该平均地好好阅读，因为学习这些科目是诸君现在的职务。

次之讲到参考书。如果诸君之中有人问我，关于某一科应看些什么参考书？我老实无法回答。我以为参考书的需要因特种的题目而发生，是临时的，不能预先决定。干脆地说，对于第一种职务的书籍阅读得马马虎虎的人，根本没有阅读参考书的必要。要参考，先得有题目，如果心里并无想查究的题目，随便拿一本书来东翻西翻，是毫无意味的傻事，等于在不想查生字的时候去胡乱翻字典。就国语科举例来说，诸君在国语教科书里读到一篇陶潜的《桃花源记》，如果有不曾明白的词儿，得翻辞典，这时辞典（假定是《辞源》）就成了参考书。这篇文章是晋朝人做的，如果诸君觉得和别时代人所写的情味有些两样，要想知道晋代文的情形，就会去翻中国文学史（假定是谢无量编的《中国文学史》），这时文学史就成了诸君的参考书。这篇文章里所写的是一种乌托邦思想，诸君平日因了师友的指教，知道英国有一位名叫马列斯的社会思想家写过一本《理想乡消息》和陶潜所写的性质相近，拿来比较，这时，《理想乡消息》就成了诸君的参考书。这篇文章是属于记叙一类的，诸君如果想明白记叙文的格式，去翻看《记叙文作法》（假定是孙俍工编的），这时《记叙文作法》就成了诸君的参考书。还有，这篇文章的作者叫陶潜，诸君如果想知道他的为人，去翻《晋书·陶潜传》或《陶集》，这时《晋书》或《陶集》就成了诸君的参考书。这许多参考书是因为有了题目才发生的，没有题目，参考无从做起，学校图书室虽藏着许多的书，诸君自己虽买有许多的书，也毫无用处。国语科如此，别的科目也一样。诸君上历史课听教师讲英国的工业革命一课，如果对于这件历史上的事迹发生了兴趣或问题，就自然会请问教师得到许多的参考书，图书馆里藏着的《英国史》，各种经济书类，以及近来杂志上所发表过的和这事有关系的单篇文字，都成了诸君的参考书了。所以，我以为参考书不能预先开单子，只能照了所想参考的题目临时来决定。在到图书馆去寻参考书以前，我们应该先问自己，我所想参考的题目是什么？有了题目，不知道找什么书好，这是可以问教师、问朋友、查书目的，最怕的是连题目都没有。

　　上面所讲的是关于参考书的话。再其次要讲第三种关于趣味修养的书了。这类的书可以说是和学校功课无关的，不妨全然照了自己的嗜好和需要来选择。一个人的趣味是会变更的，一时喜欢绘画的人，也许不久会喜欢音乐，喜欢文学的人，也许后来会喜欢宗教。至于修养，方面更广，变动的情形更多。在某时候觉得自己身心上的缺点在甲方面，该补充矫正。过了些时，也许会觉得自己身心上的缺点在乙方面，该补充矫正了。这种自然的变更，原不该勉强拘束，最好在某一时期，勿把目标更动。这一星期读陶诗，下一星期读西洋绘画史，趣味就无法涵养了。这一星期读曾国藩家书，下一星期读程、朱语录，修养就难得效果了。所以，我以为这类的书，在同一时期中，种数不必多，选择却要精。选定一二种，须定了时期来好好地读。假定这学期定好了某一种趣味上的书，某一种修养上的书，不妨只管读去，正课以外，有闲暇就读，星期日读，每日功课完毕后读，旅行的时候在车上船上读，逛公园的时候坐在草地上读。如果读到学期完了，还不厌倦，下学期依旧再读，读到厌倦了为止。诸君听了我这番话，也许会骇异吧。我自问不敢欺骗诸君，诸君读这类书，目的不在会考通过，也不在毕业迟早，完全为了自己受用，一种书读一年，读半年，全是诸位的自由，但求有益于自己就是，用不着计较时间的长短。把自己欢喜读的书永久地读，是有意义的。赵普读《论语》，是有名的历史故事，日本有一位文学家名叫坪内逍遥的，新近才死，他活了近八十岁，却读了五十多年的莎士比亚剧本。

我的话已完了。现在来一个结束。我以为：书是供给知识的一种工具，读书是改进生活、丰富生活的手段，该读些什么书要依了生活来决定选择。首先该阅读的是关于职务的书，第二是参考书，第三是关于趣味修养的书。中学生先该把教科书好好地阅读，因为中学生的职务就在学习中学校课程。参考书可因了所要参考的题目去决定，最要紧的是发现题目。至于趣味修养的书可自由选择，种数不必多，选择要精，读到厌倦了才更换。

怎样阅读

夏丏尊
本文是面向中学生演讲的广播稿，刊于 1936 年 1 月《中学生》第六十一期。

前天我曾对中学生诸君讲过一次话，题目是《阅读什么》今天所讲的，可以说是前回的连续题目，是《怎样阅读》。前回讲"阅读什么"，是阅读的种类，今天讲"怎样阅读"，是阅读的方法。

"怎样阅读"和"阅读什么"一样，也是一个老问题，从来已有许多人对于这问题说过种种的话。我今天所讲的也并无前人所没有发表过的新意见、新方法，今天的话是对中学生诸君讲的，我只希望我的话能适合于中学生诸君就是了。

我在前回讲"阅读什么"的时候，曾经把阅读的范围划成三个方面：第一是职务上的书，第二是参考的书，第三是趣味修养的书。中学生的职务在学习，中学校的课程，中学校的各科教科书属于第一类；学习功课的时候须有别的书籍作参考，这些参考书属于第二类；在课外选择些合乎自己个人趣味或有关修养的书来阅读，这是第三类。今天讲"怎样阅读"，也仍想依据了这三个方面来说。

　　先讲第一类关于诸君职务的书，就是教科书。摆在诸君案头的教科书有两种性质可分，一种是有严密的系统的，一种是没有严密的系统的。如算学、理化、地理、历史、植物、动物等科的书，都有一定的章节，一定的前后次序，这是有系统的。如国文读本，如英文读本，就定不出严密的系统，一篇韩愈的《原道》可以收在初中国文第一册，也可以收在高中国文第二册，一篇佛兰克林的传记，可以摆在初中英文第三册，也可以摆在高中英文第二册。诸君如果是对于自己所用着的教科书留心的，想来早已知道这情形。这情形并不是偶然的，可以说和学科的性质有关。有严密的系统的是属于一般的所谓科学，像国文、英文之类是专以语言文字为对象的，除文法、修辞教科书外，一般所谓读本、教本，都是用来作模范作练习的工具的东西。所以本身就没有严密的系统了。教科书既然有这两种分别，阅读的方法就也应该有不同的地方。

　　如果把阅读分开来说，一般科学的教科书应该偏重于阅，语言文字的教科书应该偏重在读。一般科学的教科书虽也用了文字写着，但我们学习的目标并不在文字上，譬如说，我们学地理、学化学，所当注意的是地理、化学书上所记着的事项本身，这些事项除图表外原用文字记着，但我们不必专从文字上记忆揣摩，只要从文字去求得内容就够了。至于语言文字的学科就不同，我们在国文教科书里读到一篇文章——假定是韩愈的《画记》，这时我们不但该知道韩愈这个人，理解这篇《画记》的内容，还该有别的目标，如文章的结构、词句的式样、描写表现的方法等等，都得加以研究。如果读韩愈的《画记》，只知道当时曾有过这样的画，韩愈曾写过这样的一篇文章，那就等于不曾把这篇文章当作国文功课学习过。我们又在英文教科书里读华盛顿砍樱桃树的故事，目的并不在想知道华盛顿为什么砍樱桃树，砍了樱桃树后来怎样，乃是要把这故事当作学习英文的材料，收得英文上种种的法则。所以阅读两个字不妨分开来用，一般科学的教科书应懂它的内容，不必从文字上去瞎费力，只要好好地阅就行，像国文、英文两门是语言文字的功课，应在形式上多用力，只阅不够，该好好地读。

　　不论是阅或是读，对于教科书该毫不放松，因为这是正式功课，是诸君职务上的工作。有疑难，得去翻字典；有问题，得去查书。这就是所谓参考了。参考书是为用功的人预备的，因为要参考先得有参考的项目或问题，这些项目或问题，要阅读认真的人才会从各方面发生。这理由我在前回已经讲过，诸君听过的想尚还能记忆，不多说了。现在让我来说些阅读参考书的时候该注意的事情。

第一，我劝诸君暂时认定参考的范围，不要把自己所要参考的项目或问题抛荒。我们查字典，大概把所要查的字或典故查出了就满足，不会再分心在字典上的。可是如果是字典以外的参考书，一不小心，往往有辗转跑远的事情。举例来说，你读《桃花源记》，为了"乌托邦思想"的一个项目，去把马列斯的《理想乡消息》来作参考书读，是对的，但你得暂时记住，你所要参考的是"乌托邦思想"，不是别的项目。你不要因读了马列斯的这部《理想乡消息》就把心分到很远的地方去。马列斯是主张美术的，是社会思想家，你如果不留意，也许会把所读的《桃花源记》忘掉，在社会思想咧、美术咧等等的念头上打圈子，从甲方面转到乙方面，再从乙方面转到丙方面，结果会弄得头脑杂乱无章。我们和朋友谈话的时候，常有把话头远远地扯开去，忘记方才所谈的是什么的。这和因为看参考书把本来的题目抛荒，情形很相像。懂得谈话方法的人，碰到这种情形常会提醒对手把话说回来，回到所要谈的事情上去。看参考书的时候，也该有同样的注意，和自己所想参考的题目无直接关系的方面，不该去多分心。

第二，是劝诸君乘参考之便，留意一般书籍的性质和内容大略。除了查检字典和翻阅杂志上的单篇文字以外，所谓参考书者，普通都是一部一部的独立的书籍。一部书有一部书的性质、内容和组织式样，你为了参考，既有机会去见到某一部书，乘便把这一部书的情形知道一些，是并不费事的。诸君在中学里有种种规定要做的工作，课外读书的时间很少，有些书在常识上、将来应用上却非知道不可，例如，我们在中学校里不读《二十五史》《十三经》，但《二十五史》《十三经》是怎样的东西，却是该知道的常识。我们不做基督教徒，不必读圣书，但《新约》和《旧约》的大略内容，却是该知道的常识。如果你读历史课，对于"汉武帝扩展疆土"的题目，想知道得详细一点，去翻《史记》或是《汉书》，这时候你大概会先翻目录吧。你翻目录，一定会见至"本纪""列传""表""志"或"书"等等的名目，这就是《史记》或《汉书》的组织构造。你读了里面的《汉武帝本纪》一篇，或全篇里的几段，再把这些目录看过，在你就算是对于《史记》或《汉书》发生过关系，《史记》《汉书》是怎样的书，你可懂得大概了。再举一个例来说，你从植物学或动物学教师口头听到"进化论"的话，你如果想对这题目多知道些详细情形，你可到图书馆去找书来看。假定你找到了一本陈兼善著的《进化论纲要》，你可先阅序文，看这部书是讲什么方面的，再查目录，看里面有些什么项目。你目前所参考的也许只是其中的一节或一章，但这全书的概括知识，于你是很有用处的。你能随时留心，一年之中，可以收得许多书籍的概括的大略知识，久而久之，你就知道哪些书里有些什么东西，要查哪些事项，该去找什么书，翻检起来，非常便利。

以上所说的是关于参考书的话。参考书因参考的题目随时决定，阅读参考书的时候，要顾到自己所参考的题目，勿使题目抛荒，还要把那部书的序文、目录留心一下，记个大略情形，预备将来的翻检便利。

以下应该讲的是趣味修养的书，这类的书，我在上回曾经讲过，种数不必多，选择要精。一种书可以只管读，读到厌倦才止。这类的书，也该尽量地利用参考书。例如：你现在正读着杜甫的诗集，那么有时候你得翻翻杜甫的传记、年谱以及别人诗话中对于杜诗的评语等等的书。你如果正读着王阳明的《传习录》，你得翻翻王阳明的集子、他的传记以及后人关于程、朱、陆、王的论争的著作。把自己正在读着的书做中心，再用别的书来做帮助，这样，才能使你读着的书更明白，更切实有味，不至于犯浅陋的毛病。

上面所讲的是三种书的阅读方法。关于阅读两个字的本身，尚有几点想说说。我方才曾把教科书分为两种性质，一种是属于一般的科学的，有严密的系统，一种是属于语言文字的，没有严密的系统。我又曾说过，属于一般科学的该偏重在阅，属于语言文字的，只阅不够，该偏重在读。现在让我再进一步来说，凡是书都是用语言文字写成的，照普通的情形看来，一部书可以含有两种性质：书本身有着内容，内容上自有系统可寻，性质属于一般科学；书是用语言文字写着的，从形式上去推究，就属于语言文字了。一部《史记》，从其内容说是历史，但是也可以选出一篇来当作国文科教材。诸君所用的算学教科书，当然是属于科学一类的，但就语言文字看，也未始不可为写作上的参考模范。算学书里的文章，朴实正确，秩序非常完整，实是学术文的好模样。这样看来，任何书籍都可有两种说法，如果就内容说，只阅可以了，如果当作语言文字来看，那么非读不可。

这次播音，教育部托我担任的是中学国语科的讲话，我把我的讲话限在阅读方面。我所讲的只是一般的阅读情形，并未曾专就国语一科讲话。诸君听了也许会说我的讲话不合教育部所定的范围条件吧。我得声明，我不承认有许多独立存在的所谓国语科的书籍，书籍之中除了极少数的文法、修辞等类以外，都可以是不属于国语科的。我们能说《论语》《孟子》《庄子》《左传》是国语吗？能说《红楼梦》《水浒》

《三国演义》是国语吗？可是如果从形式上着眼，当作语言文字来研究，那就没有一种不是国语科的材料，不但《论语》《孟子》《庄子》《左传》是国语，《红楼梦》《水浒》《三国演义》是国语，诸君的物理教科书、植物教科书也是国语，甚至于张三的卖田契、李四的家信也是国语了。我以为所谓国语科，就是学习语言文字的一种功课；把本来用语言文字写着的东西，当作语言文字来研究，来学习，就是国语科的任务。所以我只讲一般的阅读，不把国语科特别提出。这层要请诸位注意。

把任何的书，从语言文字上着眼去学习研究，这种阅读，可以说是属于国语科的工作。阅读通常可分为两种，一是略读，一是精读。略读的目的在理解，在收得内容；精读的目的在揣摩，在鉴赏。我以为要研究语言文字的法则，该注重于精读。分量不必多，要精细地读，好比临帖，我们临某种帖，目的在笔意相合，写字得它的神气，并不在乎抄录它的文字。假定这部帖里共有一千个字，我们与其每日瞎抄一遍，全体写一千个字，倒不如拣选十个或二十个有变化的有趣味的字，每字好好地临几遍，来得有效。诸君读小说，假定是茅盾的《子夜》，如果当作语言文字的学习的话，所当注意的不该单是书里的故事，对于书里面的人物描写、叙事的方法、结构照应以及用辞、造句等等该大加注意，诸君读诗歌，假定是徐志摩的诗集，如果当语言文字学习的话，不但该注意诗里的大意，还该留心它的造句、用韵、音节以及表现、着想、对仗、风格等等的方面。语言文字上的变化技巧，其实并不十分多的，只要能留心，在小部分里也大概可以看得出来。假定一部书有五百页，每一页有一千个字，如果第一页你能看得懂，那么我敢保证，你是能把全书看懂的。因为全书所有的语言文字上的法则在第一页一千字里面大概都已出现。举例来说，文法上的法则，像动词的用法、接续词的用法、形容词的用法、助词的用法，以及几种句子的结合法，都已出现在第一页了。我劝诸君能在精读上多用力。

为了时间关系，我的话就将结束。我所讲的话，乱杂疏漏的地方自己觉得很多，请诸君代去求教师替我修正。关于中学国语科的阅读，我几年前曾发表过好些意见，所说的话和这回大有些不同。记得有两篇文章，一篇叫作《关于国文的学习》，载在《中学各科学习法》(《开明青年丛书》之一)里，还有一篇叫《国文科课外应读些什么》，载在《读书的艺术》(《中学生杂志丛刊》之一)里，诸君如未曾看到过的，请自己去看看，或者对于我这回的讲话，可以得到一些补充。我这无聊的讲话，费了诸君许多课外的时间，对不起得很。

读《清明前后》

夏丏尊

本文作者就茅盾的剧本处女作《清明前后》谈了一些自己的看法和见解，对茅盾此剧表示"敬服"，希望他"有更完成的巨著出现"。

不见茅盾氏已九年了。胜利以后，消息传来，说他的近作剧本《清明前后》在重庆上演，轰动一时，而十月十六日中央广播电台也设特别节目来介绍这剧本，说内容有毒素，叫看过的人自己反省一下，不要受愚，没有看过的不要去看。我被这些消息引起了趣味，纵不能亲眼看到舞台上的演出，至少想把剧本读一下。这期望抱得许久。等到上海版发行，就去买来，花了半日工夫把它一气读完。故事并不复杂。本年清明前后，重庆发生了一件于国家不大名誉的事件，就是所谓黄金案。作者就以这哄动山城的事件为背景，来描写若干人物的行动。据他在《后记》中自己说明，是把当时某一天报上的新闻剪下来排列成一个记录，然后依据了这记录来动笔的。其中有青年失踪或被捕的事，有灾民拥到重庆来的事，工厂将倒闭的情形，小公务人员因挪用公款，买黄金投机被罚办的情形，一般薪水阶级因物价上涨而挣扎受苦的情形，高利贷盛行的情形，闻人要人在各方面活跃的情形，官界商界互相勾结的情形。作者把这许多形形色色的事件写成一部剧本，将主题放在工业的现状与出路上面，叫工业家林永清夫妇做了剧中的男女主人公，暴露出本年清明前后重庆的政治经济及社会民生各方面的状况。如果说这剧本有毒素的话，那么就在暴露一点上，此外似乎并没有什么。

剧本的主题是工业的现状与出路。而作者对于出路，只在末幕用寥寥几句话表出，认为"政治不民主，工业就没有出路"，其全部气力，倒倾注在现状的描写上。更新铁工厂主总经理林永清，于"八一三"战时依照政府国策辛辛苦苦把全部工厂设备与工人搬到重庆，经营了许多年，结果落了亏空，借重利债款至二千万元之多。为要苟延工厂的命脉，不惜牺牲了平生洁白的工业志愿，竟想向某财阀借一笔新借款来试作黄金投机，结果偷鸡不着蚀了一把米。这里所表现的是金融资本压倒实业资本的情形。中国有金融资本家而没有实业资本家，工业的不能繁荣，关键全在于此。战前这样，战时越加这样。中国资本家不肯让资本待在一处，他们有时虽也将资金投在实业机关中，但只是借款，不愿作为股本。他们宁愿买黄金、外汇、公债、地产、货物或热门股票，因为这些东西日日有市面，可以获利了就脱手，把资金卷而怀之，不像工厂中的机器、设备、原料、制品与未成品等，脱手不易，搬动困难。用十万万元的资金来办工厂，可以有出品，可以养活几百个职工，然而他们不肯这样做。他们宁愿保持流动资金，借此来盘放做买卖，一间写字间，一只电话，用几个亲戚和人办理业务，无罢工的威胁，政府无从向他们收捐税，多么自由、干脆。他们的放款都是高利短期，六个月一比，或三个月一比。在战时甚至一日一比，即所谓"几角钱过夜"的就是。工业界为了要发展事业，需要流动资金是必然的。为了求得流动资金之故，办工业者不得不分心于人事关系上，不得不屈伏于拥资者的苛刻条件。结果把全部工厂的管理权交到金融资本家手中去。金融资本家在中国一向是经济界的骄子。此中情形，作者看得很明白，过去的作品如《子夜》中所写的是战时的状况。比较起来，后者酷虐的情形愈明显愈加凶罢了。

剧本中有一个特点，每幕于登场人物的姓名下都附有一段详细叙述，好像一篇小传。作者在《后记》中说："正像人家把散文分行写了便以为是诗一样，我把小说的对话部分加强了便亦自以为是剧本了。而'说明'之多，亦充分指出了我之没有办法。"作者写小说是老手，写剧本还是初试，本剧是他的处女作。他这句话是老老实实的自白，并非自谦之词。他自嫌"说明"太多，替每个登场人物叙述身世，当然也是"说明"之一种。我觉得对于读者，这种小传式的叙述大有用处，我于阅读时曾得到许多帮助。那素性刚强而有决断的女主人公赵自芳，怎样会变成胸襟狭仄、敏感而神经质的人；精明强干的林永清，怎样会销损志气，落到诱惑的陷阱中去；一向老实谨慎的李维勤，怎样会在某种诱惑之下去冒险，走错了路；他的妻唐文君，素性容易和人亲近，怎样在残酷的磨折之下变成了孤僻畏葸而忧郁的性格；富有热情的黄梦英，怎样会把热情潜藏起来，用笑声来发挥玩世的态度，睥睨一切。小传中都有理由可寻。环境决定性格，看了剧中几个好人在目前的现实环境之中被转变的情形，真堪浩叹。

剧中对话句句经过锤炼，无一句草率。有几处似乎因为锤炼得太过度，反使读者不易理会，至少上演时会叫观众听了不懂。例如第四幕中严干臣宅宴会时，黄梦英把本可赢钱的一副纸牌丢弃了，反自认为输与财阀金淡庵，跑出客厅来与其所尊敬的陈克明教授（黄梦英的爱人乔张之师）谈话里

有一段道:（删去动作与表情的说明）

> 黄：嗳，陈教授，有一句古老话，赌钱的时候，
> 一个人会露出本相来。您觉得这句话怎样
> ……也许您有点儿诧异吧，刚才那副牌明
> 明是我赢的，干么我反倒自认为输了？
>
> 陈：有一点。然而程度上还不及那个方科长。
>
> 黄：哦，怎么，那个——方科长之类猜到了该
> 是我赢的牌么？
>
> 陈：不是猜到。您把您的牌给我看的时候，他
> 就站在我背后。可是梦英，我记得也还有
> 一句古老话：不义之财，取之不伤廉。
>
> 黄：那么，陈先生，照您看来，我这一手，难
> 道有什么深刻的意义么？……没有。好玩
> 儿罢了。

这几行是容易看懂听懂的，没有什么。试再看下面：

> 陈：梦英！你不应当对我这样不坦白？……梦
> 英！我好像到了一个阴森森的山谷，夕阳
> 的最后一抹红光还留在最高的山峰上，可

是乌黑的云阵也从四面八方围拢来了！
……我有预感，一个可怕的大风暴，就要
封锁了那山谷，我好像已经听见了呼呼的
风声，隆隆的雷响！……我还想起了不多
几天前我得的一个梦：从汪洋大海，万顷
碧波中，飞出来了一条龙，对，一条龙，
飞到半空，忽然跌下，掉在泥潭里，不能
翻身，蚊子苍蝇都来嘲笑它，泥鳅也来戏
弄它，而它呢，除非一天天变小，变得跟
泥鳅一般，就只有牺牲了性命。梦英！我
当真替它担心！

黄：陈先生，您那个梦，不能成为事实！——
您自然也不会不了解，有一种人，自己没
有病！倒是天天在那里发愁，看见了真有
病的人反以为没关系。另外有一种人可巧
完全相反。——他不担心自己。因为自己
的健康如何，他知道的更清楚些。

陈：可是，您也不要忘记那句格言：旁观者清。

黄：教授，您是一位很现实的人，请您忘记了
什么龙，——对，龙是困在泥潭中，可是，
只要它还没变小，还有一口气，龙之所以

为龙，也还不可知呢。陈教授，让我请您
记起一个人！一个青年，大眼睛的青年，
血气太旺，心太好的一个年青人！

陈：啊！乔张！有了下落么？三天四天前有人
告诉我——可是，梦英，您没有得到恶劣
的消息吧？

黄：不太坏，也不太好。要是只从一边儿想啊，
甚至可以说，有这么七分希望。然而，乔
张要是知道了如何取得这七分的希望，他
一定要不理我了。

陈：〔指室内〕是不是他——

黄：当然他这妄想，搁在心里，并不是一朝一
夕的事了。可是为了乔张，倒给他一个正
面表示的机会。刚才他对我说，下落，已
经打听到了，办法，也不是没有，不过，
万事俱全，单要一样药引子——

陈：哼，乘机要挟，太无耻了！

黄：陈教授，你没有听见过说竟想用龙肉来做
药引子吧。即使是困在泥潭里的一条龙
呵！陈教授，您现在也许要说，即使像刚
才那副牌这样的不义之财，我干脆一脚踢

开，也是十二分应该的吧？

这段对话非常含蓄，富有暗示性，细心的读者可以从这里面得到种种的事情，黄梦英为了营救失踪或被捕的乔张，怎样在交际场中厮混，虚与委蛇，金淡庵追逐她至怎样程度，而陈克明教授怎样爱护期待她，怎样替她担心，作者都用譬喻来表达。锤炼之工，真可佩服。但在舞台上演出时，一般并未读过登场人物的小传的观众，听了这些暗示性譬喻式的对话，是否能懂得其所以然，就大大地是一个疑问了。我以为，这部剧本，是一部好的读物，犹之乎一部好的小说。观众在看剧以前，最好先把剧本阅读一过。

本剧是作者的处女作，以剧的技巧论，当有可指摘之处，至于主旨的正确与反映现实的手腕，是值得敬服的。作者今年五十岁，叶圣陶氏作七律一首为寿，腹联二句是：

待旦何时嗟子夜，驻春有愿惜清明。

把《子夜》与本剧相对。《子夜》是作者小说中的大作，我们也希望作者从五十岁来划一个时期，于小说以外兼写剧本，有更完成的巨著出现。

随便翻翻

鲁　迅（1881—1936）

中国现代伟大的文学家、思想家、革命家，中国现代文学的奠基人。姓周，本名樟寿，后取名树人，字豫才。浙江绍兴人。先在日本学医，后弃医习文。归国后从事教育工作兼进行文学创作。1918年发表第一篇日记小说《狂人日记》。先后在北京、厦门等处任教。后定居上海，筹备、领导中国左翼作家联盟。1936年病逝于上海。《随便翻翻》最初发表于1934年上海出版社的《读书生活》月刊1卷2期，是鲁迅后期著名杂文之一。

我想讲一点我的当作消闲的读书——随便翻翻。但如果弄得不好，会受害也说不定的。

我最初去读书的地方是私塾，第一本读的是《鉴略》，桌上除了这一本书和习字的描红格，对字（这是作诗的准备）的课本之外，不许有别的书。但后来竟也慢慢的认识字了，一认识字，对于书就发生了兴趣，家里原有两三箱破烂书，于是翻来翻去，大目的是找图画看，后来也看看文字。这样就成了习惯，书在手头，不管它是什么，总要拿来翻一下，或者看一遍序目，或者读几页内容，到得现在，还是如此，不用心，不费力，往往在作文或看非看不可的书籍之后，觉得疲劳的时候，也拿这玩意来作消遣了，而且它也的确能够恢复疲劳。

　　倘要骗人，这方法很可以冒充博雅。现在有一些老实人，和我闲谈之后，常说我书是看得很多的，略谈一下，我也的确好像书看得很多，殊不知就为了常常随手翻翻的缘故，却并没有本本细看。还有一种很容易到手的秘本，是《四库书目提要》，倘还怕繁，那么，《简明目录》也可以，这可要细看，它能做成你好像看过许多书。不过我也曾有过正经功夫，如什么"国学"之类，请过先生指教，留心过学者所开的参考书目，结果都不满意。有些书目开得太多，要十来年才能看完，我还疑心他自己就没有看；只开几部的较好，可是这须看这位开书目的先生了，如果他是一位糊涂虫，那么，开出来的几部一定也是极顶糊涂书，不看还好，一看就糊涂。

我并不是说，天下没有指导后学看书的先生，有是有的，不过很难得。

这里只说我消闲的看书——有些正经人是反对的，以为这么一来，就"杂"！"杂"，现在又算是很坏的形容词。但我以为也有好处。譬如我们看一家的陈年账簿，每天写着"豆付三文，青菜十文，鱼五十文，酱油一文"，就知先前这几个钱就可以买一天的小菜，吃够一家；看一本旧历本，写着"不宜出行，不宜沐浴，不宜上梁"，就知道先前是有这么多的禁忌。看见了宋人笔记里的"食菜事魔"，明人笔记里的"十彪五虎"，就知道"哦呵，原来'古已有之'"。但看完一部书，都是些那时的名人轶事，某将军每餐要吃三十八碗饭，某先生体重一百七十五斤半；或是奇闻怪事，某村雷劈蜈蚣精，某妇产生人面蛇，毫无益处的也有。这时可得自己有主意了，知道这是帮闲文士所做的书。凡帮闲，他能令人消闲消得最坏，他用的是最坏的方法。倘不小心，被他诱过去，那就坠入陷阱，后来满脑子是某将军的饭量，某先生的体重，蜈蚣精和人面蛇了。

讲扶乩的书，讲婊子的书，倘有机会遇见，不要皱起眉头，显示憎厌之状，也可以翻一翻；明知道和自己意见相反的书，已经过时的书，也用一样的办法。例如杨光先的《不得已》是清初的著作，但看起来，他的思想是活着的，现在意见和他相近的人们正多得很。这也有一点危险，也就是怕被它诱过去。治法是多翻，翻来翻去，一多翻，就有比较，比较是医治受骗的好方子。乡下人常常误认为一种硫化铜为金矿，空口是和他说不明白的，或者他还会赶紧藏起来，疑心你要白骗他的宝贝。但如果遇到一点真的金矿，只要用手掂一掂轻重，他就死心塌地明白了。

"随便翻翻"是用各种别的矿石来比的方法，很费事，没有用真的金矿来比的明白，简单。我看现在的青年常在问人该读什么书，就是要看一看真金，免得受硫化铜的欺骗。而且一识得真金，一面也就真的识得了硫化铜，一举两得了。

但这样的好东西，在中国现有的书里，却不容易得到。我回忆自己的得到一点知识，真是苦得可怜。幼小时候，我知道中国在"盘古氏开辟天地"之后，有三皇五帝，……宋朝，元朝，明朝，"我大清"。到二十岁，又听说"我们"的成吉思汗征服欧洲，是"我们"最阔气的时代。到二十五岁，才知道所谓这"我们"最阔气的时代，其实是蒙古人征服了中国，我们做了奴才。直到今年八月里，因为要查一点故事，翻了三部蒙古史，这才明白蒙古人的征服"斡罗思"，侵入匈奥，还在征服全中国之前。那时的成吉思还不是我们的汗，倒是俄人被奴的资格比我们老，应该他们说"我们的成吉思汗征服中国，是我们最阔气的时代"的。

我久不看现行的历史教科书了，不知道里面怎么说；但在报章杂志上，却有时还看见以成吉思汗自豪的文章。事情早已过去了，原没有什么大关系，但也许正有着大关系，而且无论如何，总是说些真实的好。所以我想，无论是学文学的，学科学的，他应该先看一部关于历史的简明而可靠的书。但如果他专讲天王星，或海王星，虾蟆的神经细胞，或只咏梅花，叫妹妹，不发关于社会的议论，那么，自然，不看也可以的。

　　我自己，是因为懂一点日本文，在用日译本《世界史教程》和新出的《中国社会史》应应急的，都比我历来所见的历史书类说得明确。前一种中国曾有译本，但只有一本，后五本不译了，译得怎样，因为没有见过，不知道。后一种中国倒先有译本，叫作《中国社会发展史》，不过据日译者说，是多错误，有删节，靠不住的。

　　我还在希望中国有这两部书。又希望不要一哄而来，一哄而散，要译，就译他完；也不要删节，要删节，就得声明，但最好还是译得小心，完全，替作者和读者想一想。

闭户读书论

周作人（1885—1967）

　　浙江绍兴人。是鲁迅（周树人）之弟，周建人之兄。中国现代著名散文家、文学理论家、评论家、诗人、翻译家、思想家，中国民俗学开拓人，新文化运动的杰出代表。有散文集《自己的园地》《谈龙集》《谈虎集》《瓜豆集》《知堂文集》等，诗集《过去的生命》，小说集《孤儿记》，论文集《艺术与生活》《中国新文学的源流》，论著《欧洲文学史》，文学史料集《鲁迅的故乡》《鲁迅小说里的人物》《鲁迅的青年时代》，回忆录《知堂回想录》，译有《日本狂言选》《伊索寓言》《欧里庇得斯悲剧集》等。《闭户读书论》是一篇极其重要的文章，展现出一个更加具有积极入世的士大夫品行的文人周作人形象。

自唯物论兴而人心大变。昔者世有所谓灵魂等物，大智固亦以轮回为苦，然在凡夫则未始不是一种慰安，风流士女可以续未了之缘，壮烈英雄则曰，"二十年后又是一条好汉"。但是现在知道人的性命只有一条，一失足成千古恨，再回头已百年身，只有上联而无下联，岂不悲哉！固然，知道人生之不再，宗教的希求可以转变为社会运动，不求未来的永生，但求现世的善生，勇猛地冲上前去，造成恶活不如好死之精神，那也是可能的。然而在大多数凡夫却有点不同，他的结果不但不能砭顽起懦，恐怕反要使得懦夫有卧志了罢。

　　"此刻现在"，无论在相信唯物或是有鬼论者都是一个危险时期。除非你是在做官，你对于现时的中国一定会有好些不满或是不平。这些不满和不平积在你的心里，正如噎隔患者肚里的"痞块"一样，你如没有法子把他除掉，总有一天会断送你的性命。那么，有什么法子可以除掉这个痞块呢？我可以答说，没有好法子。假如激烈一点的人，且不要说动，单是乱叫乱嚷起来，想出出一口鸟气，那就容易有共党朋友的嫌疑，说不定会同逃兵之流一起去正了法。有鬼论者还不过白折了二十年光阴，只有一副性命的就大上其当了。忍耐着不说呢，恐怕也要变成忧郁病，倘若生在上海，迟早总跳进黄浦江里去，也不管公安局钉立的木牌说什么死得死不得。结局是一样，医好了烦闷就丢掉了性命，正如门板夹直了驼背。

那么怎么办好呢？我看，苟全性命于乱世是第一要紧，所以最好是从头就不烦闷。不过这如不是圣贤，只有做官的才能够，如上文所述，所以平常下级人民是不能仿效的。其次是有了烦闷去用方法消遣。抽大烟，讨姨太太，赌钱，住温泉场等，都是一种消遣法，但是有些很要用钱，有些很要用力，寒士没有力量去做。我想了一天才算想到了一个方法，这就是"闭户读书"。

记得在没有多少年前曾经有过一句很行时的口号，叫作"读书不忘救国"。其实这是很不容易的。西儒有言，二鸟在林不如一鸟在手，追两兔者并失之。幸而近来"青运"已经停止，救国事业有人担当，昔日辘轳体的口号今成截上的小题，专门读书，此其时矣，闭户云者，聊以形容，言其专一耳，非真辟札则不把卷，二者有必然之因果也。

但是，敢问读什么呢？经，自然，这是圣人之典，非读不可的，而且听说三民主义之源盖出于四书，不特维礼教，即为应考试计，亦在所必读之列，这是无可疑的了。但我所觉得重要的还是在于乙部，即是四库之史部。老实说，我虽不大有什么历史癖，却是很有点历史迷的。我始终相信《二十四史》是一部好书，他很诚恳地告诉我们过去曾如此，现在是如此，将来要如此。历史所告诉我们的在表面的确只是过去，但现在与将来也就在这里面了：正史好似人家祖先的神像，画得特别庄严点，从这上面却总还看得出子孙的面影，至于野史等更有意思，那是行乐图小照之流，更充足地保存真相，往往令观者拍案叫绝，叹遗传之神妙。正如獐头鼠目再生于十世之后一样，历史的人物亦常重现于当世的舞台，恍如夺舍重来，慑人心目，此可怖的悦乐为不知历史者所不能得者也。通历史的人如太乙真人目能见鬼，无论自称为什么，他都能知道这是谁的化身，在古卷上找得他的原形，自盘庚时代以降——具在，其一再降凡之迹若示诸掌焉。浅学者流妄生分别，或以二十世纪，或以北伐成功，或以农军起事划分时期，以为从此是另一世界，将大有改变，与以前绝对不同，仿佛是旧人霎时死绝，新人自天落下，自地涌出，或从空桑中跳出来，完全是两种生物的样子：此正是不学之过也。

宜趁现在不甚适宜于说话做事的时候，关起门来努力读书，翻开故纸，与活人对照，死书就变成活书，可以得道，可以养生，岂不懿欤？——喔，我这些话真说得太抽象而不得要领了。但是，具体的又如何说呢？我又还缺少学问，论理还应少说闲话，多读经史才对，现在赶紧打住罢。

灯下读书论

周作人

《灯下读书论》讲读书之要领。

以前所做的打油诗里边，有这样的两首是说读书的，今并录于后。其辞曰：

> 饮酒损神奈损气，读书应是最相宜。
> 圣贤已死言空在，手把遗编未忍披。

> 未必花钱逾黑饭，依然有味是青灯。
> 偶逢一册长恩阁，把卷沉吟过二更。

这是打油诗，本来严格的计较不得。我曾说以看书代吸纸烟，那原是事实，至于茶与酒也还是使用，并未真正戒除。书价现在已经很贵，但比起土膏来当然还便宜得不少。这里稍有问题的，只是青灯之味到底是怎么样。古人诗云，"青灯有味似儿时"。出典是在这里了，但青灯究竟是怎么一回事呢？同类的字句有红灯，不过那是说红纱灯之流，是用红东西糊的灯，点起火来整个是红色的，青灯则并不如此，普通的说法总是指那灯火的光。苏东坡曾云，"纸窗竹屋，灯火青荧，时于此间，得少佳趣"。这样情景实在是很有意思的，大抵这灯当是读书灯，用清油注瓦盏中令满，灯芯作炷，点之光甚清寒，有青荧之意，宜于读书，消遣世虑，其次是说鬼，鬼来则灯光绿，亦甚相近也。若蜡烛的火便不相宜，又灯火亦不宜有蔽障，光须裸露，相传东坡夜读佛书，灯花落书上烧却一僧字，可知古来本亦如是也。至于用的是什么油，大概也很有关系，平常多用香油即菜籽油，如用别的植物油则光色亦当有殊异，不过这些迂论现在也可以不必多谈了。总之这青灯的趣味在我们曾在菜油灯下看过书的人是颇能了解的，现今改用了电灯，自然便利得多了，可是这味道却全不相同，虽然也可以装上青蓝的磁罩，使灯光变成青色，结果总不是一样。所以青灯这字面在现代的辞章里，无论是真诗或是谐诗，都要打个折扣，减去几分颜色，这是无可如何的事，好在我这里只是要说明灯右观书的趣味，那些小问题都没有什么关系，无妨暂且按下不表。

圣贤的遗编自然以孔孟的书为代表，在这上边或者可以加上老庄吧。长恩阁是大兴傅节子的书斋名，他的藏书散出，我也收得了几本，这原是很平常的事，不值得怎么吹嘘，不过这里有一点特别理由，我有的一种是两小册抄本，题曰"明季杂志"。傅氏很留心明末史事，看《华延年室题跋》两卷中所记，多是这一类书，可以知道，今此册只是随手抄录，并未成书，没有多大价值，但是我看了颇有所感。明季的事去今已三百年，并鸦片洪杨义和团诸事变观之，我辈即使不是能惧思之人，亦自不免沉吟，初虽把卷终亦掩卷，所谓过二更者乃是诗文装点语耳。那两首诗说的都是关于读书的事，虽然不是鼓吹读书乐，也总觉得消遣世虑大概以读书为最适宜，可是结果还是不大好，大有越读越懊恼之慨。盖据我多年杂览的经验，从书里看出来的结论只是这两句话，好思想写在书本上，一点儿都未实现过，坏事情在人世间全已做了，书本上记着一小部分。昔者印度贤人不惜种种布施，求得半偈，今我因此而成二偈，则所得不已多乎。至于意思或近于负的方面，既是从真实出来，亦自有理存乎其中，或当再作计较罢。

圣贤教训之无用无力，这是无可如何的事，古今中外无不如此。英国陀生在讲希腊的古代宗教与现代民俗的书中曾这样的说过：

　　希腊国民看到许多哲学者的升降，但总是只抓住他们世袭的宗教。柏拉图与亚利士多德，什诺与伊壁鸠鲁的学说，在希腊人民方面，正如没有这一回事一般。但是荷马与以前时代的多神教却是活着。

斯宾塞在寄给友人的信札里，也说到现代欧洲的情状：

　　宣传了爱之宗教将近二千年之后，憎之宗教还是很占势力。欧洲住着二万万的外道，假装着基督教徒，如有人愿望他们照着他们的教旨行事，反要被他们所辱骂。

　　上边所说是关于希腊哲学家与基督教的，都是人家的事，若是讲到孔孟与老庄，以至佛教，其实也正是一样。在二十年以前写过一篇小文，对于教训之无用深致感慨，末后这样的解说道：

　　这实在都是真的。希腊有过梭格拉底，印度有过释迦牟尼，中国有过孔子老子，他们都被尊崇为圣人，但是在现今的本国人民中间，他们可以说是等于不曾有过。我想这原是当然的，正不必代为无谓的悼叹。这些伟人倘若真是不曾存在，我们现在当不知怎么的更为寂寞，但是如今既有言行流传，足供有知识与趣味的人的欣赏，那也就尽够好了。

这里所说本是聊以解嘲的话，现今又已过了二十春秋，经历增加了不少，却是终未能就此满足，固然也未必真是床头摸索好梦似的，希望这些思想都能实现，总之在浊世中展对遗教，不知怎的很替圣贤感觉得很寂寞似的，此或者亦未免是多事，在我自己却不无珍重之意。前致废名书中曾经说及，以有此种惆怅，故对于人间世未能恝置，此虽亦是一种苦，目下却尚不忍即舍去也。

《闭户读书论》是民国十七年（1928）冬所写的文章，写的很有点别扭，不过自己觉得喜欢，因为里边主要的意思是真实的，就是现在也还是这样。这篇论是劝人读史的。要旨云：

> 我始终相信二十四史是一部好书，他很诚恳地告诉我们过去曾如此，现在是如此，将来要如此。

历史所告诉我们的，在表面的确只是过去，但现在与将来也就在这里面了。正史好似人家祖先的神像，画得特别庄严点，从这上面却总还看得出子孙的面影，至于野史等更有意思，那是行乐图小照之流，更充足的保存真相，往往令观者拍案叫绝，叹遗传之神妙。

这不知道算是什么史观，叫我自己说明，此中实只有暗黑的新宿命观，想得透彻时亦可得悟，在我却还只是怅惘，即使不真至于懊恼。我们说明季的事，总令人最先想起魏忠贤客氏，想起张献忠李自成，不过那也罢了，反正那些是太监是流寇而已。使人更不能忘记的是国子监生而请以魏忠贤配享孔庙的陆万龄，东林而为阉党，又引清兵入闽的阮大铖，特别是记起《咏怀堂诗》与《百子山樵传奇》，更觉得这事的可怕。史书有如医案，历历记着症候与结果，我们看了未必找得出方剂，可以去病除根，但至少总可以自肃自戒，不要犯这种的病，再好一点或者可以从这里看出些卫生保健的方法来也说不定。我自己还说不出读史有何所得，消极的警戒，人不可化为狼，当然是其一，积极的方面也有一二，如政府不可使民不聊生，如士人不可结社，不可讲学，这后边都有过很大的不幸做实证，但是正面说来只是老生常谈，而且也就容易归入圣贤的说话一类里去，永远是空言而已。说到这里，两头的话又碰在一起，所以就算是完了，读史与读经子那么便可以一以贯之，这也是一个很好的读书方法罢。

古人劝人读书，常说他的乐趣，如《四时读书乐》所广说，读书之乐乐陶陶，至今暗诵起几句来，也还觉得有意思。此外的一派是说读书有利益，如云书中自有黄金屋，书中自有颜如玉，是升官发财主义的代表，便是唐朝做《原道》的韩文公教训儿子，也说的这一派的话，在世间势力之大可想而知。我所谈的对于这两派都够不上，如要说明一句，或者可以说是为自己的教养而读书吧。既无什么利益，也没有多大快乐，所得到的只是一点知识，而知识也就是苦，至少知识总是有点苦味的。古希伯来的传道者说：

　　我又专心察明智慧狂妄和愚昧，乃知这也是捕风，因为多有智慧就多有愁烦，加增知识就加增忧伤。

这所说的话是很有道理的。但是苦与忧伤何尝不是教养之一种，就是捕风也并不是没有意思的事。我曾这样的说：

　　察明同类之狂妄和愚昧，与思索个人的老死病苦，一样是伟大的事业。虚空尽由他虚空，知道他是虚空，而又偏去追迹，去察明，那么这是很有意义的，这实在可以当得起说是伟大的捕风。

这样说来，我的读书论也还并不真是如诗的表面上所显示的那么消极。可是无论如何，寂寞总是难免的，唯有能耐寂寞者乃能率由此道耳。

民国甲申，八月二日

牛津的书虫

许地山（1894—1941）

福建龙溪人。名赞堃，字地山，笔名落花生。文
学研究会发起人之一。曾留学英、美和印度等国。对佛
学研究颇深。早期创作的《空山灵雨》《缀网劳蛛》等，
既表现出爱国主义和民主主义倾向，又受佛学和宿命论
的影响。1935 年始，他在香港大学任教，并主持文协
工作，积极参加抗日民主活动，作品充满着现实主义和
爱国主义精神。

牛津实在是学者的学国，我在此地两年的生活尽用于波
德林图书馆，印度学院，阿克关屋（社会人类学讲室），及曼
斯斐尔学院中，竟不觉归期已近。

同学们每叫我作"书虫"，定蜀尝鄙夷地说我于每谈论中，不上三句话，便要引经据典，"真正死路"！刘锴说："你成日读书，睇读死你呀！"书虫诚然是无用的东西，但读书读到死，是我所乐为。假使我的财力、事业能够容允我，我诚愿在牛津做一辈子的书虫。

　　我在幼时已决心为书虫生活。自破笔受业直到如今，二十五年间未尝变志。但是要做书虫，在现在的世界本不容易。须要具足五件条件才可以。五件者：第一要身体康健；第二要家道丰裕；第三要事业清闲；第四要志趣淡薄；第五要宿慧超越。我于此五件，一无所有！故我以十年之功只当他人一夕之业。于诸学问、途径还未看得清楚，何敢希望登堂入室？但我并不因我的资质与境遇而灰心，我还是抱着读得一日便得一日之益的心志。

　　为学有三条路向：一是深思，二是多闻，三是能干。第一途是做成思想家的路向；第二是学者；第三是事业家。这三种人同是为学，而其对于同一对象的理解则不一致。譬如有人在居庸关下偶然捡起一块石头，一个思想家要想他怎样会在那里，怎样被人捡起来，和他的存在的意义。若是一个地质学者，他对于那石头便从地质方面原原本本考证。若是一个历史学者，他便要探求那石与过去史实有无的关系。若是一个事业家，他只想着要怎样利用那石而已。三途之中，以多闻为本。我邦先贤教人以"博闻强记"，及教人"不学而好思，虽知不广"的话，真可谓能得力学底正谊。但在现在的世界，能专一途的很少。因为生活上等等的压迫，及种种知识上的需要，使人难为纯粹的思想家或事业家。假使苏格拉底生于今日的希拉，他难免也要写几篇关于近东问题的论文投到报馆里去卖几个钱。他也得懂得一点汽车、无线电的使用方法。也许他会把钱财存在银行里。这并不是因为"人心不古"，乃是因为人事不古。近代人需要等等知识为生活的资助，大势所趋，必不能在短期间产生纯粹的或深邃的专家。故为学要先多能，然后专攻，庶几可以自存，可以有所贡献。吾人生于今日，对于学问，专既难能，博又不易，所以应于上列三途中至少要兼二程。

兼多闻与深思者为文学家。兼多闻与能干者为科学家。就是说一个人具有学者与思想家的才能，便是文学家；具有学者与专业家的功能底，便是科学家。文学家与科学家同要具学者的资格所不同者，一是偏于理解，一是偏于作用，一是修文，一是格物（自然我所用科学家与文学家的名字是广义的）。进一步说，舍多闻既不能有深思，亦不能生能干，所以多闻是为学根本。多闻多见为学者应有的事情，如人能够做到，才算得过着书虫的生活。当彷徨于学问的歧途时，若不能早自决断该向哪一条路走去，他的学业必致如荒漠的砂粒，既不能长育生灵，又不堪制作器用。即使他能下笔千言，必无一字可取。纵使他能临事多谋，必无一策能成。我邦学者，每不擅于过书虫生活，在歧途上既不能慎自抉择，复不虚心求教；过得去时，便充名士；过不去时，就变劣绅，所以我觉得留学而学普通知识，是一个民族最羞耻的事情。

我每觉得我们中间真正的书虫太少了。这是因为我们当学生的多半穷乏，急于谋生，不能具足上说五种求学条件所致。从前生活简单，旧式书院未变学堂的时代，还可以希望从领膏火费的生员中造成一二。至于今日的官费生或公费生，多半是虚掷时间和金钱的。这样的光景在留学界中更为显然。

牛津的书虫很多，各人都能利用他的机会去钻研，对于有学无财的人，各学院尽予津贴，未卒业者为"津贴生"，已卒业者为"特待校友"，特待校友中有一辈以读书为职业的。要有这样的待遇，然后可产出高等学者。在今日的中国要靠著作度日是绝对不可能的。因社会程度过低，还养不起著作家。所以著作家的生活与地位在他国是了不得，在我国是不得了！著作家还养不起，何况能养在大学里以读书为生的书虫？这也许就是中国的"知识阶级"不打而自倒的原因。

读 书

老 舍 (1899—1966)

中国现代小说家、戏剧家。原名舒庆春,字舍予,北京人。曾任中国文联副主席、中国作协副主席。老舍一生著述颇丰,计一千余篇(部)七百余万字。代表作有长篇小说《骆驼祥子》《四世同堂》,中篇小说《我这一辈子》《月牙儿》,话剧剧本《茶馆》《龙须沟》等。本文用极其浅显的语言,说明了一个个深刻的读书之理。

若是学者才准念书,我就什么也不要说了。大概书不是专为学者预备的,那么,我可要多嘴了。

从我一生下来直到如今,没人盼望我成个学者;我永远喜欢服从多数人的意见。可是我爱念书。

书的种类很多，能和我有交情的可很少。我有决定念什么的全权；自幼儿我就会逃学，愣挨板子也不肯说我爱《三字经》和《百家姓》。对，《三字经》便可以代表一类——这类书，据我看，顶好在判了无期徒刑后去念，反正活着也没多大味儿。这类书可真不少，不知道为什么；也许是犯无期徒刑罪的太多；要不然便是太少——我自己就常想杀些写这类书的人。我可是还没杀过一个，一来是因为——我才明白过来——写这样书的人敢情有好些已经死了，比如写《尚书》的那位李二哥。二来是因为现在还有些人专爱念这类书，我不便得罪人太多了。顶好，我看是不管别人，我不爱念的就不动好了。好在，我爸爸没希望我成个学者。

第二类书也与咱无缘：书上满是公式，没有一个"然而"和"所以"。据说，这类书里藏着打开宇宙秘密的小金钥匙。我倒久想明白点真理，如地是圆的之类；可是这种书别扭，它老瞪着我。书不老老实实的当本书，瞪人干吗呀？我不能受这个气！有一回，一位朋友给我一本《相对论原理》，他说：明白这个就什么都明白了。我下了决心去念这本宝贝书。读了两个"配纸"，我遇上了一个公式。我跟它"相对"了两点多钟！往后边一看，公式还多了去啦！我知道和它们"相对"下去，它们也许不在乎，我还活着不呢？

可是我对这类书，老有点敬意。这类书和第一类有些不同，我看得出。第一类书不是没法懂，而是懂了以后使我更糊涂。以我现在的理解力——比上我七岁的时候，我现在满可以做圣人了——我能明白"人之初，性本善"。明白完了，紧跟着就糊涂了；昨儿个晚上，我还挨了小女儿——玫瑰唇的小天使——一个嘴巴。我知道这个小天使性本不善，她才两岁。第二类书根本就看不懂，可是人家的纸上没印着一句废话；懂不懂的，人家不闹玄虚，它瞪我，或者我是该瞪。我的心这么一软，便把它好好放在书架上；好打好散，别太伤了和气。

这要说到第三类书了。其实这不该算一类；就这么算吧，顺嘴。这类书是这样的：名气挺大，念过的人总不肯说它坏，没念过的人老怪害羞地说将要念。譬如说《元曲》，太炎"先生"的文章，罗马的悲剧，辛克莱的小说，《大公报》——不知是哪儿出版的一本书——都算在这类里，这些书我也都拿起来过，随手便又放下了。这里还就属那本《大公报》有点劲。我不害羞，永远不说将要念。好些书的广告与威风是很大的，我只能承认那些广告做得不错，谁管它威风不威风呢。

"类"还多着呢，不便再说；有上面的三项也就足以证明我怎样的不高明了。该说读的方法。

怎样读书，在这里，是个自决的问题；我说我的，没勉强谁跟我学。第一，我读书没系。借着什么，买着什么，遇着什么，就读什么。不懂的放下，使我糊涂的放下，没趣味的放下，不客气。我不能叫书管着我。

第二，读得很快，而不记住。书要都叫我记住，还要书干吗？书应该记住自己。对我，最讨厌的发问是："那个典故是哪儿的呢？""那句话是怎么来着？"我永不回答这样的考问，即使我记得。我又不是印刷机器养的，管你这一套！

读得快，因为我有时候跳过几页去。不合我的意，我就练习跳远。书要是不服气的话，来跳我呀！看侦探小说的时候，我先看最后的几页，省事。

第三，读完一本书，没有批评，谁也不告诉。一告诉就糟："嘿，你读《啼笑因缘》？"要大家都不读《啼笑因缘》，人家写它干吗呢？一批评就糟："尊家这点意见？"我不惹气。

读完一本书再打通儿架，不上算。我有我的爱与不爱，存在我自己心里。我爱念什么就念，有什么心得我自己知道，这是种享受，虽然显得自私一点。

再说呢，我读书似乎只要求一点灵感。"印象甚佳"便是好书，我没工夫去细细分析它，所以根本便不能批评。"印象甚佳"有时候并不是全书的，而是书中的一段最入我的味；因为这一段使我对这全书有了好感；其实这一段的美或者正足以破坏了全体的美，但是我不去管；有一段叫我喜欢两天的，我就感谢不尽。因此，设若我真去批评，大概是高明不了。

第四，我不读自己的书，不愿谈论自己的书。"儿子是自己的好"，我还不晓得，因为自己还没有过儿子。有个小女儿，女儿能不能代表儿子，就不得而知。"老婆是别人的好"，我也不敢加以拥护，特别是在家里。但是我准知道，书是别人的好。别人的书自然未必都好，可是至少给我一点我不知道的东西。自己的，一提都头疼！自己的书，和自己的运气，好像永远是一对儿累赘。

第五，哼，算了吧。

记濮文昶的词

章衣萍（1900—1947）

乳名灶辉，又名洪熙，安徽绩溪人。他的著作甚
多，有短篇小说集、散文集、诗集、学术著作、少儿
读物、译作和古籍整理等 20 多部，是我国现代著名作
家和翻译家。本文就濮文昶的几首词进行了阐述，认识
深刻、见解独到，可见作者深厚的诗词功底。

近来在《金陵词钞》中看濮文昶的九十九首词，觉得
他的确是清代的一个很好的白话词人。我因为濮文昶的名字
似乎很少人知道，所以在这里略略的介绍一下。濮文昶，字
春渔，溧水人。他是咸丰九年（1859）的举人，同治四年
（1856）的进士。他曾做过随州的知州。他生在清末，正当内

忧外患纷来的时代。咸丰九年（1859）僧格林沁破英法兵于大沽。十年（1860）英法两军破天津，入北京，咸丰帝避难热河，那时洪秀全正扰乱南方。十一年（1861）官军克复安庆。同治二年（1863）左宗棠定浙江。三年（1864）曾国藩克复金陵，秀全自杀。濮文昶有《惜余春》（甲子，十二月，叶县题壁）为词，下半首写那时代的情景：

> 又况是战血模糊，凶风浩荡，满地虎狼成队。
> 几人马上，将相王侯，已是毛锥不贵。尽道名酣利
> 酣，我敢独醒，天胡此醉？偏尝些苦辣酸咸，留待
> 回甘一味。

> 《词钞》卷七，一页。

他的词时常不避白话句子，我们在《惜余春》的末句便可看出。濮文昶虽生在清末内忧外患民不聊生的时代，但他的最好的词却是情词。近来很有人提倡血与泪的咀〔诅〕咒文学，厌恶宛转呻吟的情诗。但我们以为在人类本能方面，性欲实在和食欲有同样的重要；恋爱的呻吟的声音，同血与泪的咀〔诅〕咒的声音，在文学上占同样的价值，有同样的重要。我们现在且看濮文昶的情词：

甚名花，难称意。百样娇嗔，百样将人腻。一任人猜心上事，问了无言却又盈盈泪。脸销红，眉敛翠，浪说同心只有愁难替。除却埋愁无别计，寻遍人间没个埋愁地。

《冀云松》，《词钞》卷七，三页。

　　"除却埋愁无别计，寻遍人间没个埋愁地。"这两句词何等沉痛！何等动人！但我们可以决定不是那些呆笨的文言词藻所可写出的。最妙的却是《河满子》一词：

　　消息声声钗钏，光阴寸寸鞋尖。不信天涯真个远，算来只隔重帘。琐碎零香剩影，无端付与泥黏。
　　心上丁香结子，几回欲解还箝。试问工夫间也未，口头格外矜严，手摩桃瓣梅核，人儿各自酸甜。

《词钞》卷七，七页。

　　还有那纯粹的白话词，如：

　　偎频迥眸小语骇，几回贪恋几回猜，不曾中酒软绵绵。紧护春寒防转侧，为劳将息互安排，贴侬心坎贴郎怀。

醒也欢娱睡也甜，衾窝真个暖香添，手搓裙带当花拈。好梦模糊偏耐想，春光漏泄不能瞒，眉头尖又指头尖。

《浣溪纱》四首之二，《词钞》卷七，十二页。

这两首词描写得多么宛转，多么细丽；要是给提倡道德的胡梦华看见，又要骂他是不道德的情词了！

近来的诗人犯了一个大毛病，便是直率的抽象的乱写。有许多新诗，照我们看来，只可算是白话，不能算得诗；我现在且举出一个极端的例子：

南通的文明，

不过生活程度的增高。

缪金源《南归杂诗》，二十四首。

十，二十，《晨报副刊》。

缪君的杂诗也有几首是我所爱读的，但我不得不大胆的说一句：上面的诗是一句很平常的话，不能算是诗！我们读濮文昶的词应该得着一种教训，作诗的人不妨用平常的事实，但同时却应该有浓厚的情感。我们且看濮文昶的词：

眉月伴三星，历历成心字。月下刚排雁影斜，心
上人儿是。月又向西沉，雁又从南去。暮雨楼空不见
人，化作心头泪。

《卜算子》，《词钞》卷七，六页。

这首词看来很寻常，却有异样的说不出的美。我们应该
懂得此词的妙处，然后才不致作出那直率的诗！

据《金陵词钞》的小注上说，濮文昶著有《珠雪盦词
钞》，我曾花了一天的工夫，找遍了琉璃厂的书店，终于没有
找得。他死后不过几十年，他的《词钞》竟几乎绝迹，不是
《金陵词钞》选的九十九首，我们几乎不知道这个好白话的大
词人了！我现在且举出吴虞《秋水集》上的两句诗，做这篇
短文的结束：

我论诸家还一叹，
古来佳作半无名！

十一，十一，十四，早。

记石鹤舫的词

章衣萍

本文阐释的是石鹤舫的词。清代诗人石鹤舫是绩溪县旺川石家村人，胡适的同乡。他写的诗词口语化，贴近生活，在取材和立意以及创作方法上均有所创新。石鹤舫的词对当时新诗词的发展起了巨大的推动作用。

石鹤舫，安徽绩溪人。生当前清道光季。其生平事迹不甚可考。著有《鹤舫诗词》一卷。胡适之先生曾藏有钞本。数年前，余偶然与胡先生谈起有清一代的词，提到世人所崇拜的纳兰性德，先生昂然曰："纳兰性德的词远不如我们绩溪的石鹤舫。"可见先生推崇鹤舫之深。其后，余曾见残本《鹤舫诗词》，为道光庚子（1840）扫花山房所刊。卷首有婺源齐彦槐一序。扫花山房不知为何处书坊，此残卷之《鹤舫诗词》实为海内孤本矣！当时曾将所爱读之词，钞录十余首。齐彦槐谓鹤舫之词"有南唐宋人遗韵"，信为知言。今仅钞录数首，如下：

步蟾宫·旅感

晓风料峭鸣窗纸。乍睡醒，乳鸦声里。思量幽梦忒匆匆。只恋着枕儿不起！　春花秋月如流水。怕回首，愁罗恨绮。别时言语在心头。那一句依他到底！

酷相思·忆别

杜宇声声花满地，尽提起伤心事。记暗递香罗挑锦字。一半是相思谜，一半是相思泪。　拟托新词传别意，奈未便将书寄。更暮暮朝朝风雨细。待醉也如何醉？待睡也如何睡？

太常引·鹧鸪

江南都爱好烟波，偏汝惜蹉跎。谁不是哥哥？是那个殷勤教他？　似闻说道：有人为我，青鬓暗消磨。便算汝情多，问听得人儿奈何？

江城子·春日旅感

东风吹我落天涯。好年华，不还家。枉费许多情泪送琵琶。心迹近来何所似？墙上草，路旁花。

故园回首隔烟霞。树交加，竹横斜。未识何时归理钓鱼槎。来往水村山市里。书可借，酒能赊。

（附记）这篇小文为六七年前在北京时的日记中的一节，后曾钞出发表于《暨南周刊》。关于石鹤舫的历史，尚待考据。我希望将来有替石鹤舫作评传的机会。替石鹤舫作序的齐彦槐，从《中国人名大辞典》（一四二四页）查得其小史如下：

清，婺源人。字梦树，号梅麓，又号荫三。嘉庆进士，授庶吉士，选金匮知县，有治绩，尝建海运议于苏抚陶澍，得旨优奖，以知府候补。罢官后，侨寓荆溪。精鉴藏，工书法，为诗出入韩苏，尤长骈体律赋，有《双溪草堂诗文集》《书画录》《天球浅说》《海运南漕丛议》等书。

一九二七年十月二十日记。

《女神》之时代精神

闻一多（1899—1946）

本名闻家骅，字友三，生于湖北省黄冈市浠水县，中国现代伟大的爱国主义者，坚定的民主战士，中国民主同盟早期领导人，中国共产党的挚友，新月派代表诗人和学者。著有《红烛》《死水》等诗集。1912年考入清华大学留美预备学校。1916年开始在《清华周刊》上发表系列读书笔记。1925年3月在美国留学期间创作《七子之歌》。1928年1月出版第二部诗集《死水》。1932年闻一多离开青岛，回到母校清华大学任中文系教授。1946年7月15日在云南昆明被国民党特务暗杀。本文系作者创作的一篇随笔。

若讲新诗，郭沫若君的诗才配称新呢，不独艺术上他的作品与旧诗词相去最远，最要紧的是他的精神完全是时代的精神——二十世纪的时代的精神。有人讲文艺作品是时代的产儿。《女神》真不愧为时代的一个肖子。

一

　　二十世纪是个动的世纪。这种的精神映射于《女神》中最为明显。《笔立山头展望》最是一个好例——

　　　　大都会的脉搏呀！

　　　　生的鼓动呀！

　　　　打着在，吹着在，叫着在……

　　　　喷着在，飞着在，跳着在……

　　　　四面的天郊烟幕朦胧了！

　　　　我的心脏呀，快要跳出口来了！

　　　　哦哦，山岳的波涛，瓦屋的波涛，

　　　　涌着在，涌着在，涌着在，涌着在呀！

　　　　万籁共鸣的 Symphony

　　　　自然与人生的婚礼呀！

　　　　……

恐怕没有别的东西比火车的飞跑同轮船的鼓进（阅《新生》与《笔立山头展望》）再能叫出郭君心里那种压不平的活动之欲罢？再看这一段供招——

今天天气甚好，火车在青翠的田畴中急行，好像个勇猛沉毅的少年向着希望弥满的前途努力奋迈的一般。飞！飞！一切青翠的生命，灿烂的光波在我们眼前飞舞。飞！飞！飞！我的自己融化在这个磅礴雄浑的 rhythm 中去了！我同火车全体，大自然全体，完全合而为一了！我凭着车窗望着旋回飞舞着的自然，听着车轮轧轧的进行调，痛快！痛快！……

（《与宗白华书》，《三叶集》一三八页）

这种动的本能是近代文明一切的事业之母，他是近代文明之细胞核。郭沫若底这种特质使他根本上异于我国往古之诗人。比之陶潜之——

结庐在人境，而无车马喧。

一则极端之动，一则极端之静，静到——

心远地自偏。

隐遁遂成一个赘疣的手续了，——于是白居易可以高
唱着——

大隐隐朝市。

苏轼也可以笑那"北山猿鹤漫移文"了。

二

二十世纪是个反抗的世纪。"自由"的伸张给了我们一
个对待权威的利器，因此革命流血成了现代文明的一个特色
了。《女神》中这种精神更了如指掌。只看《匪徒颂》里的
一些——

一切……革命的匪徒们呀！
万岁！万岁！万岁！

那是何等激越的精神，直要骇得金脸的尊者在宝座上发抖了哦。《胜利的死》真是血与泪的结晶：拜伦，康沫尔底灵火又在我们的诗人的胸中烧着了！

> 你暗淡无光的月轮哟！我希望我们这阴莽莽的
> 地球，在这一刹那间，早早同你一样冰化。

啊！这又是何等的疾愤！何等的悲哀！何等的沉痛！——

> 汪洋的大海正在唱着他悲壮的哀歌，
> 穹窿无际的青天已经哭红了他的脸面，
> 远远的西方，太阳沉没了！——
> 悲壮的死哟！金光灿烂的死哟！凯旋同等的死
> 哟！胜利的死哟！
> 兼爱无私的死神！我感谢你哟！你把我敬爱无暨的马克司威尼早早救了！
> 自由的战士，马克司威尼，你表示出我们人类意志的权威如此伟大！
> 我感谢你呀！赞美你呀！"自由"从此不死了！

夜幕闭了后的月轮哟！何等光明呀！……

三

《女神》的诗人本是一位医学专家。《女神》里富有科学底成分也是无足怪的。况且真艺术与真科学本是携手进行的呢。然而这里又可以见出《女神》里的近代精神了。略微举几个例——

你去，去寻那与我的振动数相同的人；
去，去寻那与我的燃烧点相等的人。

——《序诗》

否，否。不然！是地球在自转，公转。

——《金字塔》

我是 X 光线底光，
我是全宇宙的 energy 底总量！

——《天狗》

我想我的前身

原本是有用的栋梁，

我活埋在地底多年，

到今朝才得重见天光。

——《炉中煤》

你暗淡无光的月轮哟！……早早同你一样冰化！
——《胜利的死》

至于这些句子像——

我要把我的声带唱破！

——《梅花树下醉歌》

我的一枝枝的神经纤维在身中战栗。
——《夜步十里松原》

　　还有散见于集中的许多人体上的名词如脑筋、脊髓，血液，呼吸……更完完全全的是一个西洋的 doctor 的口吻了。上举各例还不过诗中所运用之科学知识，见于形式上的。至于那讴歌机械的地方更当发源于一种内在的科学精神。在我们的诗人的眼里，轮船的烟筒开着了黑色的牡丹是"近代文明的严母"，太阳是亚波罗坐的摩托车前的明灯；诗人的心同太阳是"一座公司的电灯"；云日更迭的掩映是同探海灯转着一样；火车的飞跑同于"勇猛沉毅的少年"之努力，在他眼里机械已不是一些无声的物具，是有意识有生机如同人神一样，机械的丑恶性已被忽略了；在幻想同感情魔术之下他已穿上美丽的衣裳了呢。

这种伎俩恐怕非一个以科学家兼诗人者不办。因为先要解透了科学，亲近了科学，跟他有了同情，然后才能驯服他于艺术的指挥之下。

四

科学的发达使交通的器械将全世界人类的相互关系捆得更紧了。因有史以来世界之大同的色彩没有像今日这样鲜明的，郭沫若的《晨安》便是这种 Cosmopolitanism 的证据了。《匪徒颂》也有同样的原质，但不是那样明显。即如《女神》全集中所用的方言也就有四种了。他所称引的民族，有黄人，有白人，还有"有火一样的心肠"的黑奴。他所运用的地名散满于亚美欧非四大洲。原来这种在西洋文学里不算什么。但同我们的新文学比起来，才见得是个稀少的原质，同我们的旧文学比起来更不用讲是破天荒了。啊！诗人不肯限于国界，却要做世界的一员了；他遂喊道——

晨安！梳人灵魂的晨风呀！

晨风呀！你请把我的声音传到四方去罢！

——《晨安》

五

物质文明的结果便是绝望与消极。然而人类的灵魂究竟没有死，在这绝望与消极之中又时时忘不了一种挣扎抖擞的动作。二十世纪是个悲哀与兴奋的世纪。二十世纪是黑暗的世界，但这黑暗是先导黎明的黑暗。二十世纪是死的世界，但这死是预言更生的死。这样便是二十世纪，尤其是二十世纪的中国。

流不尽的眼泪，

洗不净的污浊，

浇不熄的情炎，

荡不去的羞辱。

——《凤凰涅槃》

不是这位诗人独有的，乃是有生之伦，尤其是青年们所共有的。但别处的青年虽然一样地富有眼泪、污浊、情炎、羞辱，恐怕他们自己觉得并不十分真切。只有现在的中国青年——"五四"后之中国青年，他们的烦恼悲哀真像火一样烧着，潮一样涌着，他们觉得这"冷酷如铁""黑暗如漆""腥秽如血"的宇宙真一秒钟也羁留不得了。他们厌这世界，也厌他们自己。于是急躁者归于自杀，忍耐者力图革新。革新者又觉得意志总敌不住冲动，则抖擞起来，又跌倒下去了。但是他们太溺爱生活了，爱他的甜处，也爱他的辣处。他们决不肯脱逃，也不肯降服。他们的心里只塞满了叫不出的苦，喊不尽的哀。他们的心快塞破了，忽地一个人用海涛的音调，雷霆的声响替他们全盘唱出来了。这个人便是郭沫若，他所唱的就是《女神》。难怪个个中国青年读《女神》没有椎膺顿足同《湘累》里的屈原同声叫道——

> 哦，好悲切的歌词！唱得我也流起泪来了。
> 流罢！流罢！我生命底泉水呀！你一流出来，好像把我全身底烈火都浇息了的一样。……你这不可思议的内在的灵泉，你又把我苏活转来了！

啊！现代的青年是血与泪的青年，忏悔与兴奋的青年。《女神》是血与泪的诗，忏悔与兴奋的诗。田汉君在给《女神》之作者的信中讲得对："与其说你有诗才，毋宁说你有诗魂，因为你的诗首首都是你的血，你的泪，你的自叙传，你的忏悔录啊！"但是丹穴山上的香木不只焚毁了诗人的旧形体，并连现时一切的青年的形骸都毁掉了。凤凰的涅槃是一切青年的涅槃。凤凰不是唱道——

　　　　　我们更生了。

　　　　　我们更生了。

　　　　　一切的一，更生了。

　　　　　一的一切，更生了。

　　　　　我们便是"他"，他们便是我。

　　　　　我中也有你，你中也有我。

　　　　　我便是你。

　　　　　你便是我。

　　奇怪得很，北社编的《新诗年选》偏取了《死的引诱》作《女神》的代表之一。他们非但不懂读诗，并且不会观人。《女神》的作者岂是那样软弱的消极者吗？

你去！去在我可爱的青年的兄弟姊妹胸中；

把他们的心弦拨动，

把他们的智光点燃罢！

——《序诗》

　　假若《女神》里尽是《死的引诱》一类的东西，恐怕兄弟姊妹的心弦都被他割断，智光都被他扑灭了呢！

　　原来蹈恶犯罪是人之常情。人不怕有罪恶，只怕有罪恶而甘于罪恶，那便终古沉沦于死亡之渊里了。人类的价值在能忏悔，能革新。世界的文化也不过由这一点发生的。忏悔是美德中最美的，他是一切的光明的源头。他是尺蠖的灵魂渴求展伸的表象。

唉，泥上的脚印！

你好像是我灵魂儿的象征！

你自陷了泥涂，

你自会受人踩躏。

唉，我的灵魂！

你快登上山顶！

——《登临》

所以在这里我们的诗人不独喊出了人人心中的热情来，而且喊出人人心中最神圣的一种热情呢！

一九二三年六月三日

雨天读书

周立民（1973—   ）

1973年出生于辽宁省庄河县，1996年大连大学中文系毕业后，进入机关、报社工作，2002—2007年攻读复旦大学硕士、博士课程，2007年获复旦大学中国现当代文学专业博士学位。2007年至今，就职于上海市作家协会。系中国作家协会会员、中国现代文学馆首批客座研究员。主要从事中国现代文学研究和当代文学批评工作，兼及散文、随笔写作。本文系作者的一篇读书随笔，让我们一起感受雨天读书的妙处吧。

闻古人读书，明月清风，明窗净几，高香一炷，那虽然是文人的清淡，但总觉得对读书环境的这份要求未免有点奢侈了。在喧嚣的都市中奔忙，读书恐怕只能是不究环境的见缝插针。然而后来发现这样读的书大多是为了实用而不得不读的，有些劳累。这才明白，读书原应有一种情致，而这种情致的获得多少都需要一点情景的，这样才不单是用眼睛读，而且还是用心读，读的也不仅仅是纸上的墨字，恐怕是更深远的东西，这样你的生命与文化才有了交融与碰撞。

雨天，访友行游，恐怕有诸多不便，然而却是读书的好时光。无论是细雨缠绵，还是大雨滂沱，每执一卷，静心细读，既有与风雨同飘荡之感，又有无论风吹浪打，仍闲庭信步的心境，这时候，坐在书桌前，会觉得庇风护雨的家更安宁。在这样的心境中，读一些哲学或感悟性极强的书，会豁然开朗、透彻领悟。入夜，沏一杯清茶，风雨不再寒凄，拥一室藏书，人生不再单调。随便从架上抽取一本，在雨滴叩窗声中读上一段，雨便润泽了人的思绪，把你带入了一条悠长的小巷中，让你不禁掩卷凝思。这时浮在心湖上面的可能是如雨如雾的惆怅，然而压在底下的却是无限饱满，禁不住想与倾心的友人细谈一番。人不能多，只两人对坐，谈话声不能太高，唯有这样才能与雨境相依。然而思来想去，深恐这样也是一种破坏，还是写封信更好些，于是提笔写道：在这风雨潇潇之时，我正在读某某书……

雨也有让人愁眉不展的时候。一次，乘车回家，在途中风雨大作，我们的车如一叶扁舟，在疾风高浪中奔颠。车窗外的雨要折断人们心肠似的下个不停，想到下车还要走很长一段泥泞的路，我的心顿时黯然下来。幸好，我背包里还有一本书，我拿起它，试着使自己走入书的世界里。当那个世界完全向我展开时，风雨的愁绪渐渐飘远了。恰巧，书里也有风雨一幕，然而作者写得极动情，极温馨，深深打动了我的心。合上书，把目光再投向窗外时，风雨依旧，然而却倾注了我的几分情意，窗外的风雨与我所读的书情景融为一体，美丽的故事给凄切的风雨增添了绚烂的色彩，顿时有了风雨兼程、风雨无阻的豪迈。提到雨天读书，我还不会忘记我独居一室的那个雨夜。那是一个多雨的夏天，我远离故土亲人，在人流熙攘的街头中，也没有一个我熟悉的面孔，可以想象，一个雷电交加、大雨倾盆的雨夜，我一个人守着偌大的一个空房，会有什么样的心境。雨下得人心慌也心伤。这时候，书是最贴近心灵的朋友，我找出一本古诗词选，找出了毛笔和几张废报纸，在昏黄的灯光下抄诗词，我专门翻检那些记风写雨的抄出。从"好雨知时节，当春乃发生，随风潜入夜，润物细无声"这样的和风细雨，到"天街小雨润如酥"，到"昨夜雨疏风骤"，后来抄到苏轼的"回首向来萧瑟处，也无风雨也无晴"，我的笔顿住了，口中反复吟味着，眼前却出现了这样的图景：九百年前的一个春天，谪居黄州的苏轼，归途逢雨，同行的人皆狼狈不堪，独他从容不迫，"吟啸且徐行"。这位大文豪历经沧桑，心胸已如一片汪洋大海，虽偶有涟漪，但又摇之不浊，无论风雨晴日，不惊不宠。"也无风雨也无晴"，这种从容和成熟的境界，仿佛给我的心胸输入了新的血液。那是一个难忘的读书夜。

也无风雨也无晴，唯有从容读书情，我留恋和欣赏的也正是这番情致。

1996年于大连

第二章　带你一起去思考

　　如果说学以致用需要思考，有的人会不满地说："我看书既然要快乐，何必费力地思考啊？"但不思考的轻松之乐像涟漪微微，思考的发掘之乐似洪波逐流。我们要多读大师们所写的文章，听听他们的故事，看他们有哪些心得，思考书中的关键句，琢磨作者的真实意图。"作者为什么用这个词？""这句话在这里有什么作用？"这样的金钥匙能让我们层层地发掘深意。在这样一片书的大海中我们徜徉，而思考就是在挖掘其中的宝藏。

书

朱　湘（1904—1933）

　　中国现代著名诗人，一生致力探索我国新诗创作和外国诗歌的译介。出生于湖南沅陵县，字子沅。1919 年考入清华学校，从 1922 年起在《小说月报》等刊物上陆续发表诗作。1927 年 8 月赴美留学，1929 年，他为了家人生活放弃获得学位的机会，提前回国。因多种原因，于 1933 年 12 月 5 日在上海开往南京的船上投江自杀。《书》这篇散文，立足现实，出入古今，围绕"书"这个中心，将古典与现代的读书人生活境遇与坎坷命运，融合在一起，涉猎历史而不累赘，运用典故而不拘泥，钟爱历史文化而不固执沉溺，既饱含现代青年人的思绪，又洋溢古代读书人的情怀，全篇充满了深厚的文化底蕴。

拿起一本书来，先不必研究它的内容，只是它的外形，就已经很够我们的赏鉴了。

那眼睛看来最舒服的黄色毛边纸，单是纸色已经在我们的心目中引起一种幻觉，令我们以为这书是一个逃免了时间之摧残的遗民。它所以能幸免而来与我们相见的这段历史的本身，就已经是一本书，值得我们的思索、感叹，更不须提起它的内含的真或美了。

还有那一个个正方的形状，美丽的单字，每个字的构成，都是一首诗；每个字的沿革，都是一部历史。飙是三条狗的风：在秋高草枯的旷野上，天上是一片青，地上是一片赭，中疾的猎犬风一般快的驰过，嗅着受伤之兽在草中滴下的血腥，顺了方向追去，听到枯草飒索地响，有如秋风卷过去一般。昏是婚的古字：在太阳下了山，对面不见人的时候，有一群人骑着马，擎着红光闪闪的火把，悄悄向一个人家走近。等着到了竹篱柴门之旁的时候，在狗吠声中，趁着门还未闭，一声喊齐拥而入，让新郎从打麦场上挟起惊呼的新娘打马而回。同来的人则抵挡着新娘的父兄，做个不打不成交的亲家。

印书的字体有许多种：宋体挺秀有如柳字，麻沙体夭矫有如欧字，书法体娟秀有如褚字，楷体端方有如颜字。楷体是最常见的了。这里面又分出许多不同的种类来：一种是通行的正方体；还有一种是窄长的楷体，棱角最显；一种是扁短的楷体，浑厚颇有古风。还有写的书：或全体楷体，或半楷体，它们不单看来有一种密切的感觉，并且有时有古代的写本，很足以考证今本的印误，以及文字的假借。

如果在你面前的是一本旧书，则开章第一篇你便将看见许多朱色的印章，有的是雅号，有的是姓名。在这些姓名别号之中，你说不定可以发现古代的收藏家或是名倾一世的文人，那时候你便可以让幻想驰骋于这朱红的方场之中，构成许多缥缈的空中楼阁来。还有那些朱圈，有的圈得豪放，有的圈得森严，你可以就它们的姿态，以及它们的位置，悬想出读这本书的人是一个少年，还是老人；是一个放荡不羁的才子，还是老成持重的儒者。你也能借此揣摩出这主人翁的命运：他的书何以流散到了人间？是子孙不肖，将它舍弃了？是遭兵逃反，被一班庸奴偷窃出了他的藏书楼？还是运气不好，家道中衰，自己将它售卖了，来填偿债务，或是支持家庭？书的旧主人是这样。我呢？我这书的今主人呢？他当时对着雕花的端砚，拿起新发的朱笔，在清淡的炉香气息中，圈点这本他心爱的书，那时候，他是决想不到这本书的未来命运，他自己的未来命运，是个怎样结局的；正如这现在读着这本书的我，不能知道我未来的命运将要如何一般。

更进一层，让我们来想象那作书人的命运：他的悲哀，他的失望，无一不自然地流露在这本书的字里行间。让我们读的时候，时而跟着他啼，时而为他扼腕叹息。要是，不幸上再加上不幸，遇到秦始皇或是董卓，将他一生心血呕成的文章，一把火烧为乌有；或是像《金瓶梅》《红楼梦》《水浒》一般命运，被浅见者标作禁书，那更是多么可惜的事情呵！

天下事真是不如意的多。不讲别的，只说书这件东西，它是再与世无争也没有的了，也都要受这种厄运的摧残。至于那琉璃一般脆弱的美人，白鹤一般兀傲的文士，他们的遭忌更是不言而喻了。试想含意未伸的文人，他们在不得意时，有的樵采，有的放牛，不仅无异于庸人，并且备受家人或主子的轻蔑与凌辱。然而他们天生得性格倔强，世俗越对他白眼，他却越有精神。他们有的把柴挑在背后，拿书在手里读；有的骑在牛背上，将书挂在牛角上读；有的在蚊声如雷的夏夜，囊了萤照着书读；有的在寒风冻指的冬夜，拿了书映着雪读。然而时光是不等人的，等到他们学问已成的时候，眼光是早已花了，头发是早已白了，只是在他们的头额上新添加了一些深而长的皱纹。

咳！不如趁着眼睛还清朗，鬓发尚未成霜，多读一读"人生"这本书罢！

读书杂谈

鲁　迅

　　1927 年 7 月 16 日，鲁迅应邀到广州知用中学演讲，谈了谈他个人关于读书的意见：读书应该出于爱好而非功利目的；读书可以看批评文章，但更要看本书、自己做主；读书要和思索、观察结合起来。

　　因为知用中学的先生们希望我来演讲一回，所以今天到这里和诸君相见。不过我也没有什么东西可讲。忽而想到学校是读书的所在，就随便谈谈读书。是我个人的意见，姑且供诸君的参考，其实也算不得什么演讲。

　　说到读书，似乎是很明白的事，只要拿书来读就是了，但是并不这样简单。至少，就有两种：一是职业的读书，一是嗜好的读书。所谓职业的读书者，譬如学生因为升学，教员因为要讲功课，不翻翻书，就有些危险的就是。我想在座的诸君之中一定有些这样的经验，有的不喜欢算学，有的不喜欢博物，然而不得不学，否则，不能毕业，不能升学，和将来的生计便有妨碍了。我自己也这样，因为做教员，有时即非看不喜欢看的书不可，要不这样，怕不久便会于饭碗有妨。我们习惯了，一说起读书，就觉得是高尚的事情，其实这样的读书，和木匠的磨斧头，裁缝的理针线并没有什么分别，并不见得高尚，有时还很苦痛，很可怜。你爱做的事，偏不给你做，你不爱做的，倒非做不可。这是由于职业和嗜好不能合一而来的。倘能够大家去做爱做的事，而仍然各有饭吃，那是多么幸福。但现在的社会上还做不到，所以读书的人们的最大部分，大概是勉勉强强的，带着苦痛的为职业的读书。

现在再讲嗜好的读书罢。那是出于自愿，全不勉强，离开了利害关系的。——我想，嗜好的读书，该如爱打牌的一样，天天打，夜夜打，连续地去打，有时被公安局捉去了，放出来之后还是打。诸君要知道真打牌的人的目的并不在赢钱，而在有趣。牌有怎样的有趣呢，我是外行，不大明白。但听得爱赌的人说，它妙在一张一张地摸起来，永远变化无穷。我想，凡嗜好的读书，能够手不释卷的原因也就是这样。他在每一页每一页里，都得着深厚的趣味。自然，也可以扩大精神，增加知识的，但这些倒都不计及，一计及，便等于意在赢钱的博徒了，这在博徒之中，也算是下品。

不过我的意思，并非说诸君应该都退了学，去看自己喜欢看的书去，这样的时候还没有到来；也许终于不会到，至多，将来可以设法使人们对于非做不可的事发生较多的兴味罢了。

我现在是说，爱看书的青年，大可以看看本分以外的书，即课外的书，不要只将课内的书抱住。但请不要误解，我并非说，譬如在国文讲堂上，应该在抽屉里暗看《红楼梦》之类；乃是说，应做的功课已完而有余暇，大可以看看各样的书，即使和本业毫不相干的，也要泛览。譬如学理科的，偏看看文学书，学文学的，偏看看科学书，看看别个在那里研究的，究竟是怎么一回事。这样子，对于别人，别事，可以有更深的了解。现在中国有一个大毛病，就是人们大概以为自己所学的一门是最好，最妙，最要紧的学问，而别的都无用，都不足道的，弄这些不足道的东西的人，将来该当饿死。其实是，世界还没有如此简单，学问都各有用处，要定什么是头等还很难。也幸而有各式各样的人，假如世界上全是文学家，到处所讲的不是"文学的分类"便是"诗之构造"，那倒反而无聊得很了。

不过以上所说的，是附带而得的效果，嗜好的读书，本人自然并不计及那些，就如游公园似的，随随便便去，因为随随便便，所以不吃力，因为不吃力，所以会觉得有趣。如果一本书拿到手，就满心想道，"我在读书了！""我在用功了！"那就容易疲劳，因而减掉兴味，或者变成苦事了。

我看现在的青年，为兴味的读书的是有的，我也常常遇到各样的询问。此刻就将我所想到的说一点，但是只限于文学方面，因为我不明白其他的。

第一，是往往分不清文学和文章。甚至于已经来动手作批评文章的，也免不了这毛病。其实粗粗的说，这是容易分别的。研究文章的历史或理论的，是文学家，是学者；作诗，或戏曲小说的，是作文章的人，就是古时候所谓文人，此刻所谓创作家。创作家不妨毫不理会文学史或理论，文学家也不妨做不出一句诗。然而中国社会上还很误解，你作几篇小说，便以为你一定懂得小说概论，作几句新诗，就要你讲诗之原理。我也常见想作小说的青年，先买小说法程和文学史来看。据我看来，是即使将这些书看烂了，和创作也没有什么关系的。

事实上，现在有几个作文章的人，有时也确去做教授。但这是因为中国创作不值钱，养不活自己的缘故。听说美国小名家的一篇中篇小说，时价是二千美金；中国呢，别人我不知道，我自己的短篇寄给大书铺，每篇卖过二十元。当然要寻别的事，例如教书，讲文学。研究是要用理智，要冷静的，而创作须情感，至少总得发点热，于是忽冷忽热，弄得头昏，——这也是职业和嗜好不能合一的苦处。苦倒也罢了，结果还是什么都弄不好。那证据，是试翻世界文学史，那里面的人，几乎没有兼做教授的。

还有一种坏处，是一做教员，未免有顾忌；教授有教授的架子，不能畅所欲言。这或者有人要反驳：那么，你畅所欲言就是了，何必如此小心。然而这是事前的风凉话，一到有事，不知不觉地他也要从众来攻击的。而教授自身，纵使自以为怎样放达，下意识里总不免有架子在。所以在外国，称为"教授小说"的东西倒并不少，但是不大有人说好，至少，是总难免有令人发烦的炫学的地方。

所以我想，研究文学是一件事，作文章又是一件事。

第二，我常被询问：要弄文学，应该看什么书？这实在是一个极难回答的问题。先前也曾有几位先生给青年开过一大篇书目。但从我看来，这是没有什么用处的，因为我觉得那都是开书目的先生自己想要看或者未必想要看的书目。我以为倘要弄旧的呢，倒不如姑且靠着张之洞的《书目答问》去摸门径去。倘是新的，研究文学，则自己先看看各种的小本子，如本间久雄的《新文学概论》，厨川白村的《苦闷的象征》，瓦浪斯基们的《苏俄的文艺论战》之类，然后自己再想想，再博览下去。因为文学的理论不像算学，二二一定得四，所以议论很分歧。如第三种，便是俄国的两派的争论，——我附带说一句，近来听说连俄国的小说也不大有人看了，似乎一看见"俄"字就吃惊，其实苏俄的新创作何尝有人绍介，此刻译出的几本，都是革命前的作品，作者在那边都已经被看作反革命的了。倘要看看文艺作品呢，则先看几种名家的选本，从中觉得谁的作品自己最爱看，然后再看这一个作者的专集，然后再从文学史上看看他在史上的位置；倘要知道得更详细，就看一两本这人的传记，那便可以大略了解了。如果专是请教别人，则各人的嗜好不同，总是格不相入的。

第三，说几句关于批评的事。现在因为出版物太多了，——其实有什么呢，而读者因为不胜其纷纭，便渴望批评，于是批评家也便应运而起。批评这东西，对于读者，至少对于和这批评家趣旨相近的读者，是有用的。但中国现在，似乎应该暂作别论。往往有人误以为批评家对于创作是操生杀之权，占文坛的最高位的，就忽而变成批评家；他的灵魂上挂了刀。但是怕自己的立论不周密，便主张主观，有时怕自己的观察别人不看重，又主张客观；有时说自己的作文的根柢全是同情，有时将校对者骂得一文不值。凡中国的批评文字，我总是越看越糊涂，如果当真，就要无路可走。印度人是早知道的，有一个很普通的比喻。他们说：一个老翁和一个孩子用一匹驴子驮着货物去出卖，货卖去了，孩子骑驴回来，老翁跟着走。但路人责备他了，说是不晓事，叫老年人徒步。他们便换了一个地位，而旁人又说老人忍心。老人忙将孩子抱到鞍鞒上，后来看见的人却说他们残酷。于是都下来，走了不久，可又有人笑他们了，说他们是呆子，空着现成的驴子却不骑。于是老人对孩子叹息道，我们只剩了一个办法了，是我们两人抬着驴子走。无论读，无论做，倘若旁征博访，结果是往往会弄到抬驴子走的。

不过我并非要大家不看批评，不过说看了之后，仍要看看本书，自己思索，自己做主。看别的书也一样，仍要自己思索，自己观察。倘只看书，便变成书橱，即使自己觉得有趣，而那趣味其实是已在逐渐硬化，逐渐死去了。我先前反对青年躲进研究室，也就是这意思，至今有些学者，还将这话算作我的一条罪状哩。

听说英国的培那特萧（Bernard Shaw），有过这样意思的话：世间最不行的是读书者。因为他只能看别人的思想艺术，不用自己。这也就是勖本华尔（Schopenhauer）之所谓脑子里给别人跑马。较好的是思索者。因为能用自己的生活力了，但还不免是空想，所以更好的是观察者，他用自己的眼睛去读世间这一部活书。

这是的确的，实地经验总比看，听，空想确凿。我先前吃过干荔枝，罐头荔枝，陈年荔枝，并且由这些推想过新鲜的好荔枝。这回吃过了，和我所猜想的不同，非到广东来吃就永不会知道。但我对于萧的所说，还要加一点骑墙的议论。萧是爱尔兰人，立论也不免有些偏激的。我以为假如从广东乡下找一个没有历练的人，叫他从上海到北京或者什么地方，然后问他观察所得，我恐怕是很有限的，因为他没有练习过观察力。所以要观察，还是先要经过思索和读书。

总之，我的意思是很简单的：我们自动的读书，即嗜好的读书，请教别人是大抵无用，只好先行泛览，然后抉择而入于自己所爱的较专的一门或几门，但专读书也有弊病，所以必须和实社会接触，使所读的书活起来。

一九二七年七月十六日在广州知用中学讲

读诗偶感

夏丏尊

本文就文学作品的有意味与无意味，作者提出了自己的观点：基于生活的立场来鉴赏品味。接着举了一个为人熟知的例子，即李白的《静夜思》，认为这样的诗结合着生活经验，是可以常读常新的。

数年前，经朱佩弦君的介绍，求到了黄晦闻（节）氏的字幅。黄氏是当代的诗家，我求他写字的目的，在想请他写些旧作，不料他所写的却不是自己的诗，是黄山谷的《戏赠米元章二首》。那诗如下：

万里风帆水着天，麝煤鼠尾过年年。

沧江静夜虹贯月，定是米家书画船。

我有元晖古印章，印章不忍与诸郎。
虎儿笔力能扛鼎，教字元晖继阿章。

    字是写得很苍劲古朴的，把它装裱好了挂在客堂间里，无事的时候，一个人看着读着玩。字看看倒有味，诗句读读却感到无意味，不久就厌倦了把它收藏起来，换上别的画幅。

    近来，听说黄氏逝世了，偶然念及，再把那张字幅拿出来挂上，重新来看着读着玩。黄氏的字仍是有味的，而山谷的诗句仍感到无意味。于是我就去追求这诗对我无意味的原因。第一步把平日读过的诗来背诵，发见我所记得的诗里面，有许多也是对我意味很少或竟是无意味的，再去把唐宋人的集子来随便翻，觉得对我无意味的东西竟着实不少。

    文艺作品的有意味与无意味，理由当然不很简单，说法也许可以各人不同吧。我现在所觉到的，只是一点，就是：对我的生活可以发生交涉的有意味，否则就无意味。让我随便举出一首认为有意味的诗来，如李白的《静夜思》：

床前明月光，疑是地上霜。
举头望明月，低头思故乡。

这首诗从小就记熟，觉得有意味，至今年纪大了，仍觉得有意味。第一，这里面没有用着一定的人名，任何人都可以做这首诗的主人公。"疑"，谁"疑"呢？你疑也好，我疑也好，他疑也好，"举头""望""低头""思"，这些动作，任凭张三李四来做都可以。诗句虽是千年以前的李白做的，至今任何人在类似的情景之下，都可以当作自己的创作来念。心中所感到的滋味，和作者李白当时所感到的可以差不多。第二，这里面用着不说煞的含蓄说法，只说"思故乡"，不加"恋念""悲哀"等等的限定语。为父母而思故乡也好，为恋人而思故乡也好，为战乱而思故乡也好，什么都可以。犹之数学公式中的"x"，任凭你代入什么数字去，都可适用。如果前人的文学作品可以当遗产的话，这类的作品，的确可以叫作遗产的了。再回头来读山谷的那两首诗：第一首是写米元章的船中书画生活的，米元章工书画，当时做着名叫"发运司"的官，长期在江淮间船上过活，船里带着许多书画，自称"米家书画船"。第二首是说要将自己所郑重珍藏的晋人谢元晖的印章赠予米元章的儿子虎儿（名友仁），说虎儿笔力好，可取字元晖，使用这印章，继承父业。这两首诗在山谷自己不消说是有意味的，因为发挥着对于友人的情感，在米元章父子也当然有意味，因为这诗为他们而作。但是对千年以后的我们发生什么交涉呢？我们不住在船中，又不会书画，也没有古印章，也没有"笔力能扛鼎"的儿子，所以读来读去，除了些记得一件文人的故事和诗的本来的平仄音节以外，毫不觉得有什么了。如果用遗产来作譬喻，李白《静夜思》是一张不记名的支票，谁拿到了都可支取使用，籴米买菜。山谷的《戏赠米元章二首》是一张记名的划线支票，非凭记着的那人不能支取，而这记着的那人却早已死去了的。于是这张支票捏在我们手里，只好眼睛对它看看而已。

山谷的集子里当然也有对我们有意味的诗，李白的集子里也有对我们无意味的诗，上面所说的只是我个人现在的选择见解。依据这见解把从来汗牛充栋的诗集、文集、词集来检验估价，被淘汰的东西，将不知有若干。以前各种各样的选本，也不知该怎样翻案才好。这对于古人也许是一种忤逆，但为大众计，是应该的，我们对于前人留下来的文艺作品，要主张读的权利，同时要主张有不读的自由。

选择与鉴别

——怎样阅读文艺书籍

老　舍

> 就读书，作者提出了自己的观点："吃东西要有选择：吃有营养的，不吃有毒的。对精神食粮也必须选择：好书，开卷有益；坏书，开卷有害。"

吃东西要有选择：吃有营养的，不吃有毒的。

对精神食粮也必须选择：好书，开卷有益；坏书，开卷有害，可能有很大的害。

在旧社会里，有些人以编写坏书或贩卖坏书为职业。有不少青年受了骗，因为看坏书而损害了身体，或道德败落，变成坏人。今天，我们还该随时警惕，不要随便抓起一本书就看，那会误中毒害。至于故意去找残余的坏书阅读，简直是自暴自弃的表现，今日的青年一定知道不该这么做。

特别应当注意选择文艺作品。有的人管小说什么的叫作闲书，并且以为随便看看闲书不会有什么害处。这不对。"闲书"可能有很大的危害。旧日的坏书多数是利用小说等文学形式写成的，只为生意兴隆，不管害人多少。我们千万不可上当。

俗话说：老不读《三国》，少不看《水浒》。这并不是说《三国》与《水浒》不好，而是说它们有很强的感染力，能够左右读者的思想感情，去摹仿书中人物。确是这样：一部好小说会使读者志气昂扬，力争上游；一部坏小说会使读者志气消沉，腐化堕落。留点神吧，别采取看闲书的态度，信手拾来，随便消遣。看坏书如同吸鸦片烟，会使人上瘾，越吸越爱吸，也就受毒越深。

还有一种书，荒诞无稽，也足以使人——特别是青年与少年，异想天开，作出荒唐的事来。如剑侠小说。我们从前不是听说过么：十四五岁的中学生因读剑侠小说而逃出学校，到深山古洞去访什么老祖或圣母，学习飞剑杀人，呼风唤雨等等本领。结果呢，既荒废了学业，也没找到什么老祖或圣母——世界上从来没有过什么老祖和圣母啊！使人不务正业，而去求仙修道，难道不是害处么？

怎么选择呢？不需要开一张书目，这么办就行：要看，就先看当代的好作品。我们的确有许多好小说，好剧本，好诗集，好文学刊物，好革命回忆录……为什么不看这些，而单找些无聊的东西浪费时光，或有害的东西自寻苦恼呢？生活在今天，就应当关心今天的国家建设与革命事业的大事，而我们这几年出版的好作品恰好是反映这些的。它们既足以使我们受到鼓舞，争取进步，又能获得艺术上的享受，有多么好呢！

　　或者有人说：新的作品读起来费力，不如某些剑侠小说、言情小说、公案小说等等那么简单省劲儿。首先就该矫正这个看法。在我自己的少年时期，最先接触到的就是《施公案》一类的小说。到二十岁左右，我才看到新小说。读了几本新小说之后，再拿起《施公案》来看，便看不下去了。从内容上说，新小说里所反映的正是我迫切要知道的，《施公案》没有这样的亲切。从文笔上说，新小说中有许多是艺术作品，而《施公案》没有这样的水平。新小说唤醒我对社会的关切，提高了我的文艺欣赏力。我没法子再喜爱《施公案》。后来，我自己也学习写小说，走的是新小说的路子，不是《施公案》的路子。不怕不识货，就怕货比货。比一比就知道谁高谁低了。我相信，谁都一样：念过几本新作品。就会放弃了《施公案》。

一个研究文学的人，自然要广为阅览，以便分析比较。但是，这是专家的工作，一般人不宜借口要博阅广见而一视同仁，不辨好坏，抓住什么读什么。

现代题材的作品读了不少以后，再去看古典作品，就比较妥当。因为，若是一开始就读古典作品，心中没有底，不会鉴别，往往就容易发生误解，以为古典作品中的英雄人物，不管是十八世纪的，还是十九世纪的，都是模范，值得效仿。这一定会出毛病。不论多么伟大的作家也没有一眼看到几百年后的本领。他的成功是塑造了他的时代的典型人物。但这只是那个时代的典型人物，并不足以典范千古。即使这个人物是正面的人物，是好人，他也必然带着他那个时代必不可免的缺点，不应该也不可能成为我们的模范。是呀，一个十八世纪的人怎会能够成为社会主义建设者呢？正面人物尚且如此，何况那反面人物呢？

阅读古典作品而受到感动是当然的，这正好证明古典作品之所以为古典作品，具有不朽的价值。但是，因受感动而去摹仿书中人物的行为就是另一回事了。这证明读者没有鉴别的能力，糊糊涂涂地做了古代作品的俘虏。

我们能够从古典的杰作了解到某一个历史时期的男女是怎么生活着的，明白一些他们的思想感情，志愿与理想，遭遇与成败。小说等文艺作品虽然不是历史，却足以帮助我们明白些历史的发展，使我们通达，因而也就更爱我们自己的时代与社会。我们的社会制度是最进步的制度，我们的社会现实曾经是多少前哲的理想。以古比今，我们感到幸福，从而意气风发，去建设我们的社会主义。我们读过的现代好作品帮助我们认清我们的社会，鼓舞我们努力建设社会主义的雄心壮志。有了这个底子，再看古典作品，我们就有了鉴别力，叫古为今用，不叫今为古用，去做古书的俘虏。假若我们看了《红楼梦》，而不可怜那悲剧中的贾宝玉与林黛玉，不觉得我们自己是多么幸福，反倒去羡慕"大观园"中的腐烂生活，就是既没有了解《红楼梦》，也忘了自己是什么时代的人。这不仅荒唐可笑，而且会使个人消沉或堕落，使个人在社会主义建设工作上受到损失。这个害处可真不小！历史是向前进的，人也得往前走，不应后退！假若今天我们自己要写一部新《红楼梦》，大概谁也会想得到，我们必然是去描写某工厂或某人民公社的青年男女怎样千方百计地增产节约，怎样忘我地劳动，个个奋勇争先，为集体的事业去争取红旗。我们的《红楼梦》里的生活是健康的，愉快的，民主的，创造的，不会有以泪洗面的林黛玉，也不会有"大观园"中的一切乱七八糟。假若不幸有个林黛玉型的姑娘出现，我们必然会热诚地帮助她，叫她坚强起来，积极地从事生产，不再动不动地就掉眼泪。假若她是因读老《红楼梦》而学会多愁善病的，我们就会劝她读读《刘胡兰》，看看新电影，叫她先认清现代青年的责任是什么，切莫糊糊涂涂地糟蹋了自己。有选择就不至于浪费时间或遭受毒害。

有鉴别就不会认错了时代，盲目崇拜古书，错误地摹仿前人，使自己不向前进，而往后退。

在这里，我主要地谈到文艺作品，因为阅读文艺作品而不加选择与鉴别，最容易使人受害。我并没有验看别种著作，说别种著作不需要选择与鉴别的意思，请勿误会。

我的读书经验

蔡元培（1868—1940）

　　中国近代资产阶级民主革命家、教育家。字鹤卿，号孑民。浙江绍兴人。1902 年与章炳麟发起组织中国教育会。创办爱国学社、《警钟日报》。曾任南京临时政府教育总长。倡导国民教育、实利教育、公民道德教育等。任内提出改革学制、男女同校等主张。1917 年任北京大学校长。支持李大钊等倡导的新文化运动。抗日战争中，病逝于香港。1935 年 4 月 10 日，蔡元培发表在《文化建设》第 1 卷第 7 期的《我的读书经验》与其他名家谈读书不同的是，蔡元培先生竟自言"没有什么成就，实为读书不得法的缘故"，并在文中"把不得法的概略写出来，以为前车之鉴"，先生作此文时已六十多岁，学界泰斗，读书五十多载，如此谦逊而真挚的言辞，背后的深意却是关于读书之常识。

我自十余岁起，就开始读书，读到现在，将满六十年了，中间除大病或其他特别原因外，几乎没有一日不读点书的，然而我也没有什么成就，这是读书不得法的缘故。我把不得法的概略写出来，以为前车之鉴。

我的不得法第一是不能专心。我初读书的时候，读的都是旧书，不外乎考据、辞章两类。我的嗜好，在考据方面，是偏于训诂及哲理的，对于典章名物，是不大耐烦的；在辞章上，是偏于散文的，对于骈文及诗词，是不大热心的。然而以一物不知为耻，种种都读，并且算学书也读，医学书也读，都没有读通。所以我曾经想编一部《说文声系义证》，又想编一本《公羊春秋大义》，都没有成书，所为文辞，不但骈文诗词，没有一首可存的，就是散文也太平凡了。到了四十岁以后我始学德文，后来又学法文，我都没有好好儿做那记生字、练文法的苦工，而就是生吞活剥地看书，所以至今不能写一篇合格的文章，做一回短期的演说。在德国进大学听讲以后，哲学史、文学史、文明史、心理学、美学、美术史、民族学统统去听，那时候这几类的参考书，也就乱读起来了。后来虽勉自收缩，以美学与美术史为主，辅以民族学，然而这类的书终不能割爱，所以想译一本美学，想编一部比较的民族学，也都没有成书。

我的不得法，第二是不能勤笔。我的读书，本来抱一种利己主义，就是书里面的短处，我不大去搜寻他，我止注意于我所认为有用的或可爱的材料。这本来不算坏，但是我的坏处，就是我虽读的时候注意于这几点，但往往为速读起见，无暇把这几点摘抄出来，或在书上做一点特别的记号，若是有时候想起来，除了德文书检目特详，尚易检寻外，其他的书，几乎不容易寻到了。我国现虽有人编"索引""引得"等等，专门的辞典，也逐渐增加，寻检较易，但各人有各自的注意点，普通的检目，断不能如自己记别的方便。我尝见胡适之先生有一个时期，出门时常常携一两本线装书，在舟车上或其他忙里偷闲时翻阅，见到有用的材料，就折角或以铅笔做记号。我想他回家后或者尚有摘抄的手续。我记得有一部笔记，说王渔洋读书时，遇有新隽的典故或词句，就用纸条抄出，贴在书斋壁上，时时览读，熟了就揭去，换上新得的，所以他记得很多。这虽是文学上的把戏，但科学上何尝不可以仿作呢？我因从来懒得动笔，所以没有成就。

我的读书的短处，我已经经验了许多的不方便，特地写出来，望读者鉴于我的短处，第一能专心，第二能勤笔，这一定有许多成效。

论诵读

朱自清（1898—1948）

现代散文家、诗人。字佩弦，江苏扬州人。曾在清华大学、西南联大任教。作品有诗文集《踪迹》，散文集《背影》《欧游杂记》《你我》《伦敦杂记》，文艺论著《诗言志辨》《论雅俗共赏》等。诵读教学是中国传统语文教育教学方法之一。在《论诵读》这篇文章中，朱自清先生讲述了诵读在语文教学中的重要作用。

最近魏建功先生举行了一回"中国语文诵读方法座谈会"，参加的有三十人左右，座谈了三小时，大家发表的意见很多。我因为去诊病，到场的时候只听到一些尾声。但是就从这短短的尾声，也获得不少的启示。昨天又在《北平时报》

上读到李长之先生的《致魏建功先生书》，觉得很有兴味。自己在接到开会通知的时候也曾写过一篇短文，说明诵读教学可以促进"文学的国语"的成长，现在还有些补充的意见，写在这里。

抗战以来大家提倡朗诵，特别提倡朗诵诗。这种诗歌朗诵战前就有人提倡。那时似乎是注重诗歌的音节的试验；要试验白话诗是否也有音乐性，是否也可以悦耳，要试验白话诗用那一种音节更听得入耳些。这种朗诵运动为的要给白话诗建立起新的格调，证明它的确可以替代旧诗。战后的诗歌朗诵运动比战前扩大得多，目的也扩大得多。这时期注重的是诗歌的宣传作用，教育作用，也许尤其是团结作用，这是带有政治性的。而这种朗诵，边诵边表情，边动作，又是带有戏剧性的。这实在是将诗歌戏剧化。戏剧化了的诗歌总增加了些什么，不全是诗歌的本来面目。而许多诗歌不适于戏剧化，也就不适于这种朗诵。所以有人特别写作朗诵诗。战前战后的朗诵运动当然也包括小说、散文和戏剧，但是特别注重诗，因为是精炼的语言，弹性大，朗诵也最难。

朗诵的发展可以帮助白话诗文的教学，也可以帮助白话诗文的上口，促进"文学的国语"成长。但是两个时期的朗诵运动，都并不以语文教学为目标，语文教学实际上也还没有受到很大的影响。现在魏建功先生，还有黎锦熙先生，都在提倡诵读教学，提倡向这一方面的自觉的努力，这是很好的。这不但与朗诵运动并行不悖，而且会相得益彰。黎先生提倡的诵读教学，据报上他的谈话，似乎注重白话，魏先生的座谈，却包括文言。这种诵读教学自然是以文为主，不以诗为主，因为教材是文多，习作也是文多，应用还是文多。这就和朗诵运动的出发点不一样。

诵读是一种教学过程，目的在培养学生的了解和写作的能力。教学的时候先由教师范读，后由学生跟着读，再由学生自己练习着读，有时还得背诵。除背诵外却都可以看着书。诵读只是诵读，看着书自己读，看着书听人家读，只要做过预习的功夫，当场读得又得法，就可以了解的，用不着再有面部表情和肢体动作。这和战前的朗诵差不多，只是朗诵时听众看不到原作，和战后的朗诵却就差得多。朗诵是艺术，听众在欣赏艺术。诵读是教学，读者和听者在练习技能。这两件事目的原不一样。但是朗诵和诵读都是既非吟，也非唱，都只是说话的调子，这可是一致的。

吟和唱都将文章音乐化，而朗诵和诵读却注重意义，音乐化可以将意义埋起来，或使意义滑过去。战前的朗诵固然可以说是在发现白话诗的音乐性，但是有音乐性不就是音乐化。例如一首律诗，平仄的安排是音乐性，吟起来才是音乐化，读下去就不是的。现在我们注重意义，所以不要音乐化，不要吟和唱。我在别处说过"读"该照宣读文件那样，但是这句话还未甚显明。李长之先生说的才最干脆，他说"所谓诵读一事，也便只有用话的语调（平常说话的语调）去读的一途了"。宣读文件其实就用的是说话的语调。

诵读虽然该用说话的调子，可究竟不是说话。诵读赶不上说话的流畅，多少要比说话做作一些。诵读第一要口齿清楚，吐字分明。唱曲子讲究咬字，诵读也得字字清朗，尽管抑扬顿挫，清朗总得清朗的。李长之先生注重词汇的读出，也就是这个意思。座谈会里潘家洵先生指出私塾儿童读书固然有两字一顿的，却也有一字一顿的；如"孟——子——见——梁——惠——王"之类的读法，我们是常常可以听到的。大概两字一顿是用在整齐的句法上，如读《千字文》《百家姓》《龙文鞭影》《幼学琼林》《千家诗》之类，一字一顿是用在参差的句法上，如读《四书》等。前者是音乐化，后者逐字用同样强度读出，是让儿童记清每一个字的形和音，像是强调的说话。这后一种诵读，机械性却很大，不像说话那样可以含胡几个字甚至吞咽几个字而反有姿态，有味儿。我们所要的字字清朗的诵读，性质上就近于这后一种，不过顿的字数不一定，再加上抑扬顿挫，跟说话多相像一些罢了。

用说话的调子诵读白话文，自然该最像说话，虽然因为言文总有些分别，不能等于说话。但是现在的白话文是欧化了的，诵读起来也还不能很像说话。相信诵读教学切实施行若干时后，诵读可以帮助变化说话的调子，那时白话文的诵读虽然还是不能等于说话，总该差不离儿了。诵读白话诗，现在是更不像说话；因为诗是精炼的说话，跟随心信口的说话本差着些程度，加上欧化，自然要差得更多。用说话的调子读文言，不论是诗是文，是骈是散，自然还要差得多，但是比吟或唱总近于说话些。从前学习文言乃至欣赏文言，好像非得能吟会唱不可。我想吟唱固然有益，但是诵读也许帮助更大。大概诗词曲和骈文，音乐性本来大些，音乐化的去吟唱可以获得音乐方面的受用，但是在了解和欣赏意义上，吟唱是不如诵读的。至于所谓古文，本来基于平常说话的调子，虽然因为究竟不是口头的语言，不妨音乐化的去吟唱，然而受用似乎并不大，倒是诵读能见出这种古文的本色。所以就是文言，也还该以说话调的诵读为主。但是诵读总得多读熟读，才有效用，"曲不离口"，诵读也是一样道理。

诵读口语体的白话文（这种也可以称为白话），还有诵读小说里的一些对话和话剧，应该就像说话一样，虽然也还未必等于说话。说是未必等于说话，因为说话有声调，又多少总带着一些面部表情和肢体动作，写出来的说话虽然包含着这些，却不分明。诵读这种写出来的说话，得从意义里去揣摩，得从字里行间去揣摩。而写的人虽然想着包含那些，却也未必能包罗一切，揣摩的人也未必真能尽致。这就未必相等了。所以认真的演出话剧，得有戏谱，详细注明声调等等。李长之先生提到的赵元任先生的《最后五分钟》就是这种戏谱。有了这种戏谱，还得再加揣摩。但是舞台上的台词也还是不等于平常的说话。因为台词不但是戏中人在对话，并且是给观众听的对话，固然得流畅，同时也得清朗。所以演戏需要专业的训练，比诵读难。

　　写的白话不等于说话，写的白话文更不等于说话。写和说到底是两回事。文言时代诵读帮助写的学习，却不大能够帮助说的学习；反过来说话也不大能够帮助写的学习。这时候有些教育程度很高的人会写却说不好，或者会说却写不好，原不足怪。可是，现下白话时代，诵读不但可以帮助写，还可以帮助说，而说话也可以帮助写，可是会写不会说和会说不会写的人还是有。这就见得写和说到底是两回事了。大概学写主要得靠诵读，文言白话都是如此；单靠说话学不成文言也学不好白话。现在许多学生很能说话，却写不通白话文，就因为他们诵读太少，不懂得如何将说话时的声调等等包含在白话文里。他们的作文让他们自己念给别人听，满对，可是让别人看就看出不通来了。他们会说话到一种程度，能以在诵读自己作文的时候，加进那些并没有能够包含在作文里的成分去，所以自己和别人听起来都合式，他们自己看的时候，也还能够如此。等到别人看，别人凭一般诵读的习惯，只能发挥那些作文里包含得有的，却不能无中生有，这就漏了。至于学说话，主要的得靠说话；多读熟白话文，多少有些帮助，多少能够促进，可是主要的还得靠说话。只注重诵读和写作而忽略了说话，自然容易成为会写而说不好的人。至于李长之先生提到鲁迅先生，又当别论。鲁迅先生是会说话的，不过不大会说北平话。他写的是白话文，不是白话。长之先生赞美座谈会中顾随先生读的《阿Q正传》，说是"觉得鲁迅运用北平的口语实在好极了"。我当时不在场，想来那恐怕一半应该归功于顾先生的诵读的。

再说用说话的调子诵读白话诗，那是比诵读白话文更不等于说话。如上文所说诗是精炼的语言，跟平常的说话自然差得多些。精炼靠着暗示和重叠。暗示靠新鲜的比喻和经济的语句；重叠不是机械的，得变化，得多样。这就近乎歌而带有音乐性了。这种音乐性为的是集中注意的力量，好像电影里特别的镜头。集中了注意力，才能深入每一个词汇和语句，发挥那蕴藏着的意义，这也就是诗之所以为诗。白话诗却不要音乐化，音乐化会掩住了白话诗的个性，磨损了它的曲折处。白话诗所以不会有固定的声调谱，我看就是为此。白话诗所以该用说话调诵读，也是为此。一方面白话诗也未尝不可以全不带音乐性而直用平常说话的调子写作。但是只宜于短篇如此。因为短篇的精炼可以不靠重叠，长些的就不成。苏俄的玛耶可夫斯基的诗，按说就只用平常说话的调子，却宜于朗诵。他的诗就是短篇多，国内也有向这方面努力的，田间先生就是一位。这种诗不用说更该用说话调诵读，诵读起来也许跟口语体的白话文差不多，但要强调些。因为篇幅短，要是读得太流畅，一下子就完了，没有了，所以得滞实些才成。其实诗的诵读一般的都得滞实些。一方面有弹性，一方面要滞实，所以难。两次朗诵运动都以诗为主，在艺术上算是攻坚。但是诵读只是训练技能，还该从容易的文的诵读下手。

（《大公报》，三十五年）

论百读不厌

朱自清

此文作于 1947 年 10 月 10 日。作者引经据典，追根溯源，推理探寻，得出了鲜明的结论，指出"百读不厌"的真谛。

前些日子参加了一个讨论会，讨论赵树理先生的《李有才板话》。座中一位青年提出了一件事实：他读了这本书觉得好，可是不想重读一遍。大家费了一些时候讨论这件事实。有人表示意见，说不想重读一遍，未必减少这本书的好，未必减少它的价值。但是时间匆促，大家没有达到明确的结论。一方面似乎大家也都没有重读过这本书，并且似乎从没有想到重读它。然而问题不但关于这一本书，而是关于一切文艺作品。为什么一些作品有人"百读不厌",另一些却有人不想读第二遍呢?是作品的不同吗?是读的人不同吗?如果是作品不同,"百读不厌"是不是作品评价的一个标准呢?这些都值得我们思索一番。

苏东坡有《送章惇秀才失解西归》诗,开头两句是:

旧书不厌百回读,熟读深思子自知。

"百读不厌"这个成语就出在这里。"旧书"指的是经典,所以要"熟读深思"。《三国志·魏志·王肃传·注》:

人有从(董遇)学者,遇不肯教,而云"必当先读百遍",言"读书百遍而义自见"。

经典文字简短,意思深长,要多读,熟读,仔细玩味,才能了解和体会。所谓"义自见""子自知",着重自然而然,这是不能着急的。这诗句原是安慰和勉励那考试失败的章惇秀才的话,劝他回家再去安心读书,说"旧书"不嫌多读,越读越玩味越有意思。固然经典值得"百回读",但是这里着重的还在那读书的人。简化成"百读不厌"这个成语,却就着重在读的书或作品了。这成语常跟另一成语"爱不释手"

配合着，在读的时候"爱不释手"，读过了以后"百读不厌"。这是一种赞词和评语，传统上确乎是一个评价的标准。当然，"百读"只是"重读""多读""屡读"的意思，并不一定一遍接着一遍的读下去。

经典给人知识，教给人怎样做人，其中有许多语言的、历史的、修养的课题，有许多注解，此外还有许多相关的考证，读上百遍，也未必能够处处贯通，教人多读是有道理的。但是后来所谓"百读不厌"，往往不指经典而指一些诗，一些文，以及一些小说。这些作品读起来津津有味，重读，屡读也不腻味，所以说"不厌"。"不厌"不但是"不讨厌"，并且是"不厌倦"。诗文和小说都是文艺作品，这里面也有一些语言和历史的课题，诗文也有些注解和考证；小说方面呢，却直到近代才有人注意这些课题，于是也有了种种考证。但是过去一般读者只注意诗文的注解，不大留心那些课题，对于小说更其如此。他们集中在本文的吟诵或浏览上。这些人吟诵诗文是为了欣赏，甚至于只为了消遣，浏览或阅读小说更只是为了消遣，他们要求的是趣味，是快感。这跟诵读经典不一样。诵读经典是为了知识，为了教训，得认真，严肃，正襟危坐的读，不像读诗文和小说可以马马虎虎的，随随便便的，在床上，在火车轮船上都成。这么着可还能够教人"百读不厌"，那些诗文和小说到底是靠了什么呢？

在笔者看来，诗文主要是靠了声调，小说主要是靠了情节。过去一般读者大概都会吟诵，他们吟诵诗文，从那吟诵的声调或吟诵的音乐得到趣味或快感，意义的关系很少；只要懂得字面儿，全篇的意义弄不清楚也不要紧的。梁启超先生说过李义山的一些诗，虽然不懂得究竟是什么意思，可是读起来还是很有趣味（大意）。这种趣味大概一部分在那些字面儿的影象上，一部分就在那七言律诗的音乐上。字面儿的影象引起人们奇丽的感觉；这种影象所表示的往往是珍奇，华丽的景物，平常人不容易接触到的，所谓"七宝楼台"之类。民间文艺里常常见到的"牙床"等等，也正是这种作用。民间流行的小调以音乐为主，而不注重词句，欣赏也偏重在音乐上，跟吟诵诗文也正相同。感觉的享受似乎是直接的，本能的，即使是字面儿的影象所引起的感觉，也还多少有这种情形，至于小调和吟诵，更显然直接诉诸听觉，难怪容易唤起普遍的趣味和快感。至于意义的欣赏，得靠综合诸感觉的想象力，这个得有长期的教养才成。然而就像教养很深的梁启超先生，有时也还让感觉领着走，足见感觉的力量之大。

　　小说的"百读不厌"，主要的是靠了故事或情节。人们在儿童时代就爱听故事，尤其爱奇怪的故事。成人也还是爱故事，不过那情节得复杂些。这些故事大概总是神仙、武侠、才子、佳人，经过种种悲欢离合，而以大团圆终场。悲欢离合总得不同寻常，那大团圆才足奇。小说本来起于民间，起于农民和小市民之间。在封建社会里，农民和小市民是受着重重压迫的，他们没有多少自由，却有做白日梦的自由。他们寄托他们的希望于超现实的神仙，神仙化的武侠，以及望之若神仙的上层社会的才子佳人；他们希望有朝一日自己会变成了这样的人物。这自然是不能实现的奇迹，可是能够给他们安慰、趣味和快感。他们要大团圆，正因为他们一辈子是难得大团圆的，奇情也正是常情啊。他们同情故事中的人物，"设身处地"的"替古人担忧"，这也因为事奇人奇的原故。过去的小说似乎始终没有完全移交到士大夫的手里。士大夫读小说，只是看闲书，就是作小说，也只是游戏文章，总而言之，消遣而已。他们得化装为小市民来欣赏，来写作；在他们看，小说奇于事实，只是一种玩艺儿，所以不能认真、严肃，只是消遣而已。

封建社会渐渐垮了，五四时代出现了个人，出现了自我，同时成立了新文学。新文学提高了文学的地位；文学也给人知识，也教给人怎样做人，不是做别人的，而是做自己的人。可是这时候写作新文学和阅读新文学的，只是那变了质的下降的士和那变了质的上升的农民和小市民混合成的知识阶级，别的人是不愿来或不能来参加的。而新文学跟过去的诗文和小说不同之处，就在它是认真的负着使命。早期的反封建也罢，后来的反帝国主义也罢，写实的也罢，浪漫的和感伤的也罢，文学作品总是一本正经的在表现着并且批评着生活。这么着文学扬弃了消遣的气氛，回到了严肃——古代贵族的文学如《诗经》，倒本来是严肃的。这负着严肃的使命的文学，自然不再注重"传奇"，不再注重趣味和快感，读起来也得正襟危坐，跟读经典差不多，不能再那么马马虎虎，随随便便的。但是究竟是形象化的，诉诸情感的，跟经典以冰冷的抽象的理智的教训为主不同，又是现代的白话，没有那些语言的和历史的问题，所以还能够吸引许多读者自动去读。不过教人"百读不厌"甚至教人想去重读一遍的作品，的确是很少了。

新诗或白话诗，和白话文，都脱离了那多多少少带着人工的、音乐的声调，而用着接近说话的声调。喜欢古诗、律诗和骈文、古文的失望了，他们尤其反对这不能吟诵的白话新诗；因为诗出于歌，一直不曾跟音乐完全分家，他们是不愿扬弃这个传统的。然而诗终于转到意义中心的阶段了。古代的音乐是一种说话，所谓"乐语"，后来的音乐独立发展，变成"好听"为主了。现在的诗既负上自觉的使命，它得说出人人心中所欲言而不能言的，自然就不注重音乐而注重意义了。——一方面音乐大概也在渐渐注重意义，回到说话罢？——字面儿的影象还是用得着，不过一般的看起来，影象本身，不论是鲜明的，朦胧的，可以独立的诉诸感觉的，是不够吸引人了；影象如果必需得用，就要配合全诗的各部分完成那中心的意义，说出那要说的话。在这动乱时代，人们着急要说话，因为要说的话实在太多。小说也不注重故事或情节了，它的使命比诗更见分明。它可以不靠描写，只靠对话，说出所要说的。这里面神仙、武侠、才子、佳人，都不大出现了，偶然出现，也得打扮成平常人；是的，这时代的小说的人物，主要的是些平常人了，这是平民世纪啊。至于文，长篇议论文发展了工具性，让人们更如意的也更精密的说出他们的话，但是这已经成为诉诸理性的了。诉诸情感的是那发展在后的小品散文，就是那标榜"生活的艺术"，抒写"身边琐事"的。这倒是回到趣味中心，企图着教人"百读不厌"的，确乎也风行过一时。然而时代太紧张了，不容许人们那么悠闲；大家嫌小品文近乎所谓"软性"，丢下了它去找那"硬性"的东西。

文艺作品的读者变了质了，作品本身也变了质了，意义和使命压下了趣味，认识和行动压下了快感。这也许就是所谓"硬"的解释。"硬性"的作品得一本正经的读，自然就不容易让人"爱不释手""百读不厌"。于是"百读不厌"就不成其为评价的标准了，至少不成其为主要的标准了。但是文艺是欣赏的对象，它究竟是形象化的，诉诸情感的，怎么

"硬"也不能"硬"到和论文或公式一样。诗虽然不必再讲那带几分机械性的声调，却不能不讲节奏，说话不也有轻重高低快慢吗？节奏合式，才能集中，才能够高度集中。文也有文的节奏，配合着意义使意义集中。小说是不注重故事或情节了，但也总得有些契机来表现生活和批评它；这些契机得费心思去选择和配合，才能够将那要说的话，要传达的意义，完整的说出来，传达出来。集中了的完整了的意义，才见出情感，才让人乐意接受，"欣赏"就是"乐意接受"的意思。能够这样让人欣赏的作品是好的，是否"百读不厌"，可以不论。在这种情形之下，笔者同意：《李有才板话》即使没有人想重读一遍，也不减少它的价值，它的好。

但是在我们的现代文艺里，让人"百读不厌"的作品也有的。例如鲁迅先生的《阿 Q 正传》，茅盾先生的《幻灭》《动摇》《追求》三部曲，笔者都读过不止一回，想来读过不止一回的人该不少罢。在笔者本人，大概是《阿 Q 正传》里的幽默和三部曲里的几个女性吸引住了我。这几个作品的好已经定论，它们的意义和使命大家也都熟悉，这里说的只是它们让笔者"百读不厌"的因素。《阿 Q 正传》主要的作用不在幽默，那三部曲的主要作用也不在铸造几个女性，但是这些却可能产生让人"百读不厌"的趣味。这种趣味虽然不是必要的，却也可以增加作品的力量。不过这里的幽默决不是油滑的，无聊的，也决不是为幽默而幽默，而女性也决不就是色情，这个界限是得弄清楚的。抗战期中，文艺作品尤其是小说的读众大大的增加了。增加的多半是小市民的读者，他们要求消遣，要求趣味和快感。扩大了的读众，有着这样的要求也是很自然的。长篇小说的流行就是这个要求的反映，因为篇幅长，故事就长，情节就多，趣味也就丰富了。这可以促进长篇小说的发展，倒是很好的。可是有些作者却因为这样的要求，忘记了自己的边界，放纵到色情上，以及粗劣的笑料上，去吸引读众，这只是迎合低级趣味。而读者贪读这一类低级的软性的作品，也只是沉溺，说不上"百读不厌"。"百读不厌"究竟是个赞词或评语，虽然以趣味为主，总要是纯正的趣味才说得上的。

（《文讯》月刊）

论雅俗共赏

朱自清

此文作于 1947 年 10 月 26 日，该篇从"雅俗共赏"
这一成语入手，分析了自唐宋以来，中国上层社会的士
大夫文艺和民间流传的通俗文艺相互影响的关系和趋
势，指出抗战以来的从通俗化运动到大众化运动的发展
过程，使现代文艺走向没有"雅俗"，只有"共赏"的
局面。

陶渊明有"奇文共欣赏，疑义相与析"的诗句，那是一
些"素心人"的乐事，"素心人"当然是雅人，也就是士大
夫。这两句诗后来凝结成"赏奇析疑"一个成语，"赏奇析
疑"是一种雅事，俗人的小市民和农家子弟是没有份儿的。

然而又出现了"雅俗共赏"这一个成语，"共赏"显然是"共欣赏"的简化，可是这是雅人和俗人或俗人跟雅人一同在欣赏，那欣赏的大概不会还是"奇文"罢。这句成语不知道起于什么时代，从语气看来，似乎雅人多少得理会到甚至迁就着俗人的样子，这大概是在宋朝或者更后罢。

原来唐朝的安史之乱可以说是我们社会变迁的一条分水岭。在这之后，门第迅速的垮了台，社会的等级不像先前那样固定了，"士"和"民"这两个等级的分界不像先前的严格和清楚了，彼此的分子在流通着，上下着。而上去的比下来的多，士人流落民间的究竟少，老百姓加入士流的却渐渐多起来。王侯将相早就没有种了，读书人到了这时候也没有种了；只要家里能够勉强供给一些，自己有些天分，又肯用功，就是个"读书种子"；去参加那些公开的考试，考中了就有官做，至少也落个绅士。这种进展经过唐末跟五代的长期的变乱加了速度，到宋朝又加上印刷术的发达，学校多起来了，士人也多起来了，士人的地位加强，责任也加重了。这些士人多数是来自民间的新的分子，他们多少保留着民间的生活方式和生活态度。他们一面学习和享受那些雅的，一面却还不能摆脱或蜕变那些俗的。人既然很多，大家是这样，也就不觉其寒尘；不但不觉其寒尘，还要重新估定价值，至少也得调整那旧来的标准与尺度。"雅俗共赏"似乎就是新提出的尺度或标准，这里并非打倒旧标准，只是要求那些雅士理会到或迁就些俗士的趣味，好让大家打成一片。当然，所谓"提出"和"要求"，都只是不自觉的看来是自然而然的趋势。

中唐的时期，比安史之乱还早些，禅宗的和尚就开始用口语记录大师的说教。用口语为的是求真与化俗，化俗就是争取群众。安史乱后，和尚的口语记录更其流行，于是乎有了"语录"这个名称，"语录"就成为一种著述体了。到了宋朝，道学家讲学，更广泛的留下了许多语录；他们用语录，也还是为了求真与化俗，还是为了争取群众。所谓求真的"真"，一面是如实和直接的意思。禅家认为第一义是不可说的。语言文字都不能表达那无限的可能，所以是虚妄的。然而实际上语言文字究竟是不免要用的一种"方便"，记录文字自然越近实际的、直接的说话越好。在另一面这"真"又是自然的意思，自然才亲切，才让人容易懂，也就是更能收到化俗的功效，更能获得广大的群众。道学主要的是中国的正统的思想，道学家用了语录做工具，大大的增强了这种新的文体的地位，语录就成为一种传统了。比语录体稍稍晚些，还出现了一种宋朝叫作"笔记"的东西。这种作品记述有趣味的杂事，范围很宽，一方面发表作者自己的意见，所谓议论，也就是批评，这些批评往往也很有趣味。作者写这种书，只当做对客闲谈，并非一本正经，虽然以文言为主，可是很接近说话。这也是给大家看的，看了可以当做"谈助"，增加趣味。宋朝的笔记最发达，当时盛行，流传下来的也很多。目录家将这种笔记归在"小说"项下，近代书店汇印这些笔记，更直题为"笔记小说"；中国古代所谓"小说"，原是指记述杂事的趣味作品而言的。

那里我们得特别提到唐朝的"传奇"。"传奇"据说可以见出作者的"史才、诗、笔、议论"，是唐朝士子在投考进士以前用来送给一些大人先生看，介绍自己，求他们给自己宣传的。其中不外乎灵怪、艳情、剑侠三类故事，显然是以供给"谈助"，引起趣味为主。无论照传统的意念，或现代的意念，这些"传奇"无疑的是小说，一方面也和笔记的写作态度有相类之处。照陈寅恪先生的意见，这种"传奇"大概起于民间，文士是仿作，文字里多口语化的地方。陈先生并且说唐朝的古文运动就是从这儿开始。他指出古文运动的领导者韩愈的《毛颖传》，正是仿"传奇"而作。我们看韩愈的"气盛言宜"的理论和他的参差错落的文句，也正是多多少少在口语化。他的门下的"好难""好易"两派，似乎原来也都是在试验如何口语化。可是"好难"的一派过分强调了自己，过分想出奇制胜，不管一般人能够了解欣赏与否，终于被人看做"诡"和"怪"而失败，于是宋朝的欧阳修继承了"好易"的一派的努力而奠定了古文的基础。——以上说的种种，都是安史乱后几百年间自然的趋势，就是那雅俗共赏的趋势。

宋朝不但古文走上了"雅俗共赏"的路，诗也走向这条路。胡适之先生说宋诗的好处就在"作诗如说话"，一语破的指出了这条路。自然，这条路上还有许多曲折，但是就像不好懂的黄山谷，他也提出了"以俗为雅"的主张，并且点化了许多俗语成为诗句。实践上"以俗为雅"，并不从他开始，梅圣俞、苏东坡都是好手，而苏东坡更胜。据记载，梅和苏都说过"以俗为雅"这句话，可是不大靠得住；黄山谷却在《再次杨明叔韵》一诗的"引"里郑重的提出"以俗为雅，以故为新"，说是"举一纲而张万目"。他将"以俗为雅"放在第一，因为这实在可以说是宋诗的一般作风，也正是"雅俗共赏"的路。但是加上"以故为新"，路就曲折起来，那是雅人自赏，黄山谷所以终于不好懂了。不过黄山谷虽然不好懂，宋诗却终于回到了"作诗如说话"的路，这"如说话"，的确是条大路。

雅化的诗还不得不回向俗化，刚刚来自民间的词，在当时不用说自然是"雅俗共赏"的。别瞧黄山谷的有些诗不好懂，他的一些小词可够俗的。柳耆卿更是个通俗的词人。词后来虽然渐渐雅化或文人化，可是始终不能雅到诗的地位，它怎么着也只是"诗馀"。词变为曲，不是在文人手里变，是在民间变的；曲又变得比词俗，虽然也经过雅化或文人化，可是还雅不到词的地位，它只是"词馀"。一方面从晚唐和尚的俗讲演变出来的宋朝的"说话"就是说书，乃至后来的平话以及章回小说，还有宋朝的杂剧和诸宫调等等转变成功的元朝的杂剧和戏文，乃至后来的传奇，以及皮簧戏，更多半是些"不登大雅"的"俗文学"。这些除元杂剧和后来的传奇也算是"词馀"以外，在过去的文学传统里简直没有地位；也就是说这些小说和戏剧在过去的文学传统里多半没有地位，有些有点地位，也不是正经地位。可是虽然俗，大体上却"俗不伤雅"，虽然没有什么地位，却总是"雅俗共赏"的玩艺儿。

"雅俗共赏"是以雅为主的，从宋人的"以俗为雅"以及常语的"俗不伤雅"，更可见出这种宾主之分。起初成群俗士蜂拥而上，固然逼得原来的雅士不得不理会到甚至迁就着他们的趣味，可是这些俗士需要摆脱的更多。他们在学习，在享受，也在蜕变，这样渐渐适应那雅化的传统，于是乎新旧打成一片，传统多多少少变了质继续下去。前面说过的文体和诗风的种种改变，就是新旧双方调整的过程，结果迁就的渐渐不觉其为迁就，学习的也渐渐习惯成了自然，传统的确稍稍变了质，但是还是文言或雅言为主，就算跟民众近了一些，近得也不太多。

至于词曲，算是新起于俗间，实在以音乐为重，文辞原是无关轻重的；"雅俗共赏"，正是那音乐的作用。后来雅士们也曾分别将那些文辞雅化，但是因为音乐性太重，使他们不能完成那种雅化，所以词曲终于不能达到诗的地位。而曲一直配合着音乐，雅化更难，地位也就更低，还低于词一等。可是词曲到了雅化的时期，那"共赏"的人却就雅多而俗少了。真正"雅俗共赏"的是唐、五代、北宋的词，元朝的散曲和杂剧，还有平话和章回小说以及皮簧戏等。皮簧戏也是音乐为主，大家直到现在都还在哼着那些粗俗的戏词，所以雅化难以下手，虽然一二十年来这雅化也已经试着在开始。平话和章回小说，传统里本来没有，雅化没有合式的榜样，进行就不易。《三国演义》虽然用了文言，却是俗化的文言，接近口语的文言，后来的《水浒》《西游记》《红楼梦》等就都用白话了。不能完全雅化的作品在雅化的传统里不能有地位，至少不能有正经的地位。雅化程度的深浅，决定这种地位的高低或有没有，一方面也决定"雅俗共赏"的范围的小和大——雅化越深，"共赏"的人越少，越浅也就越多。所谓多少，主要的是俗人，是小市民和受教育的农家子弟。在传统里没有地位或只有低地位的作品，只算是玩艺儿；然而这些才接近民众，接近民众却还能教"雅俗共赏"，雅和俗究竟有共通的地方，不是不相理会的两橛了。

单就玩艺儿而论，"雅俗共赏"虽然是以雅化的标准为主，"共赏"者却以俗人为主。固然，这在雅方得降低一些，在俗方也得提高一些，要"俗不伤雅"才成；雅方看来太俗，以至于"俗不可耐"的，是不能"共赏"的。但是在什么条件之下才会让俗人所"赏"的，雅人也能来"共赏"呢？我们想起了"有目共赏"这句话。孟子说过"不知子都之姣者，无目者也"，"有目"是反过来说，"共赏"还是陶诗"共欣赏"的意思。子都的美貌，有眼睛的都容易辨别，自然也就能"共赏"了。孟子接着说："口之于味也，有同嗜焉；耳之于声也，有同听焉；目之于色也，有同美焉。"这说的是人之常情，也就是所谓人情不相远。但是这不相远似乎只限于一些具体的、常识的、现实的事物和趣味。譬如北平罢，故宫和颐和园，包括建筑，风景和陈列的工艺品，似乎是"雅俗共赏"的，天桥在雅人的眼中似乎就有些太俗了。说到文章，俗人所能"赏"的也只是常识的、现实的。后汉的王充出身是俗人，他多多少少代表俗人说话，反对难懂而不切实用的辞赋，却赞美公文能手。公文这东西关系雅俗的现实利益，始终是不曾完全雅化了的。再说后来的小说和戏剧，有的雅人说《西厢记》诲淫，《水浒传》诲盗，这是"高论"。实际上这一部戏剧和这一部小说都是"雅俗共赏"的作品。《西厢记》无视了传统的礼教，《水浒传》无视了传统的忠德，然而"男女"是"人之大欲"之一，"官逼民反"，也是人之常情，梁山泊的英雄正是被压迫的人民所想望的。俗人固然同情这些，一部分的雅人，跟俗人相距还不太远的，也未尝不高兴这两部书说出了他们想说而不敢说的。这可以说是一种快感，一种趣味，可并不是低级趣味；这是有关系的，也未尝不是有节制的。"诲淫""诲盗"只是代表统治者的利益的说话。

十九世纪二十世纪之交是个新时代，新时代给我们带来了新文化，产生了我们的知识阶级。这知识阶级跟从前的读书人不大一样，包括了更多的从民间来的分子，他们渐渐跟统治者拆伙而走向民间。于是乎有了白话正宗的新文学，词曲和小说戏剧都有了正经的地位。还有种种欧化的新艺术。这种文学和艺术却并不能让小市民来"共赏"，不用说农工大众。于是乎有人指出这是新绅士也就是新雅人的欧化，不管一般人能够了解欣赏与否。他们提倡"大众语"运动。但是时机还没有成熟，结果不显著。抗战以来又有"通俗化"运动，这个运动并已经在开始转向大众化。"通俗化"还分别雅俗，还是"雅俗共赏"的路，大众化却更进一步要达到那没有雅俗之分，只有"共赏"的局面。这大概也会是所谓由量变到质变罢。

（《观察》）

烧书记

郑振铎（1898—1958）

出生于浙江温州，原籍福建长乐。中国现代杰出的爱国主义者和社会活动家、作家、诗人、学者、文学评论家、文学史家、翻译家、艺术史家，也是著名的收藏家、训诂家。著有专著《文学大纲》《俄国文学史略》《中国文学论集》《中国俗文学史》等，短篇小说集《家庭的故事》《取火者的逮捕》《桂公塘》，散文集《佝偻集》《欧行日记》《山中杂记》《海燕》等，译著《沙宁》《血痕》《灰色马》《新月集》《飞鸟集》《印度寓言》等。《烧书记》是作者写的关于书的惨痛记忆。

我们的历史上，有了好几次的大规模的"烧书"之举。秦始皇帝统一六国后，便来了一次烧书。"史官非《秦纪》，皆烧之。非博士官所职，天下敢有藏《诗》《书》百家语者，悉诣守尉杂烧之。有敢偶语《诗》《书》者弃市。以古非今者族。吏见知不举者与同罪。令下三十日，不烧，黥为城旦。所不去者，医药卜筮种树之书，若欲有学法令，以吏为师。"这是最彻底的烧书，最彻底的愚民之计，和一般殖民地政府，不设立大学而只开设些职业、工艺学校者，有异曲同工之妙。此后，烧书的事，无代无之。有的烧历史文献，以泯篡夺之迹；有的烧佛教、道教的书，以谋宗教上的统一；有的烧淫秽的书，以维持道德的纯洁。近三百年，则有清代诸帝的大举烧书。我们读了好几本的所谓"全毁""抽毁"书目，不禁凛然生畏；至今尚觉得在异族铁蹄下的文化生活的如何窒塞难堪！

"八一三"后，古书、新书之被毁于兵火之劫者多矣。就我个人而论，我寄藏于虹口开明书店里的一百多箱古书，就在八月十四日那一天被烧，烧得片纸不存。我看见东边的天空，有紫黑色的烟云在突突地向上升，升得很高很高，然后随风而四散，随风而淡薄，被烧的东西的焦渣，到处地飘坠。其中就有许多有字迹的焦纸片。我曾经在天井里拾到好几张，一触手便粉碎，但还可以辨识得出些字迹，大约是教科书之类居多。我想，我的书能否捡得到一二张烧焦了的呢？——那时，我已经知道开明书店被烧的情形——当然，这想头是很可笑的。就捡得到了又有什么意义，还不是徒增忉怛与愤激么？

这是兵火之劫；未被劫的还安全地被保存着。所遭劫的还只是些不幸的一二隅之地。但到了"一·二八"敌兵占领了旧租界后，那情形却大是不同了。

我们听到要按家搜查的消息，听到为了一二本书报而逮捕人的消息，还听到无数的可怖的怪事，奇事，惨事。

许多人心里都很着急起来，特别是有"书"的人家。他们怕因"书"惹祸，却又舍不得割爱，又不敢卖出去——卖出去也没有人敢要。有好几个友人，天天对书发愁。

"这部书会有问题么？"

"这个杂志留下来不要紧么？"

"到底是什么该留的，什么不该留的？"

"被搜到了，有什么麻烦没有？"

个个人在互相的询问着，打听着。但有谁能够说明哪几部书是有问题的，或哪些东西是可留的呢？

我那时正忙于烧毁往来有关的信件，有关的记载，和许多报纸、杂志及抗日的书籍——连地图也在内。

我硬了心肠在烧。自己在壁炉里生了火，一包包，一本本，撕碎了，扔进去，眼看它们烧成了灰，一蓬蓬的黑烟从烟道里冒出来，烧焦了的纸片，飞扬到四邻，连天井里也有了不少。

心头像什么梗塞着，说不出的难过。但为了特殊的原因，我不能不如此小心。

连秋白送给我的签了名的几部俄文书，我也不能不把它们送进壁炉里去。

我觉得自己实在太残忍了！我眼圈红了不止一次，有泪水在落。是被烟熏的罢？

实在舍不得烧的许多书，却也不能不烧。踌躇又踌躇，选择又选择，有的头一天留下了，到了第二三天又狠了心把它们烧了。有的，已经烧了，心里却还在惋惜着，觉得很懊悔，不该把它们烧去。

但有了第一次淞沪战争时虹口、闸北一带的经验——有《征倭论》一类的书而被杀，被捉的人不少——自然不能不小心。对于发了狂的兽类，有什么理可讲呢！

整整的烧了三天。我翻箱倒箧的搜查着，捧了出来，动员孩子们在撕在烧。

"爸爸，这本书很好玩，留下来给我罢。"孩子们在恳求着。

我难过极了！我也何尝不想留下来呢？但只好摇摇头，

说道："烧了罢，下回去买好一点的画给你。"

在这时候，就有好些住在附近的朋友们在问，什么书该烧，什么书不必烧。

我没法回答他们，领了他们到壁炉边去。

"你自己看吧。我在烧着呢。但我的情形不同。你自己斟酌着办罢。"

这一场烧书的大劫，想起来还有余栗与余憾。

不烧，不是至今还无恙么？

但谁能料得到呢？

把它们设法寄藏到别的地方去罢。

但为什么要"移祸"呢？这是我所绝对不肯做的事。

这是我不能不狠心动手烧的一个原因。

但也实在有些人把自认为"不安全"的书寄藏到别人家里去的。

这还是出于自动的烧。究竟自动烧书的人还不多。大量的"违碍"的书报还储藏在许多人家里。有许多人不肯烧，不想烧，也有人不知道烧，甚至有人压根儿没有想到这件事。

过了不久，敌人的文化统治的手腕加强了。他们通过了保甲的组织，挨户按家的通知，说：凡有关抗日的书籍、杂志、日报等等，必须在某天以前，自动烧毁或呈缴出来。否则严惩不贷。

同时，在各书店，各图书馆，搜查抗日书报，一车车的载运而去，不知运向何方，也不知它们的运命如何。

这一次烧书的规模大极了！差不多没有一家不在忙着烧书的。他们不耐烦呈缴出去，只有出于烧之一途。最近若干年来的报纸、杂志遭劫最甚。有许多人索性把报纸、杂志全都烧毁了，免得惹起什么麻烦。

外间谣传说，连包东西的报纸，上面有了什么抗日的记载，也要追究、捕捉的。

因之，旧报纸连包东西的资格也被取消了。

最可怜的是，有的朋友已经到了内地去，他们的书籍还藏在家里，或寄存在某友处。家里的人到处打听，问要紧不要紧，甚至去问保甲处的人。他们当然说要紧的，甚至还加上些恫吓的话。

于是，不分青红皂白地，他们把什么书全都付之一炬；只要是有字的，无不投到了火炉里去。

记得清初三令五申的搜求"禁书"的时候，有些藏书家的后人，为了省得惹祸，也是将全部古书整批的烧了去。

这个书劫，实在比兵，比火，比水等等大劫更大得多，更普遍而深入得多了！

这样纷扰了近一个多月，始终不曾见敌伪方面有什么正式的文告。又有人说，这是出于误会，日本人方面并没有这个意思。

于是烧书的火渐渐地又灭了，冷了，终至不再有人提起这件事。

不烧的人，忘了烧的人，特地要小心保存这类抗日文献的人，当然也有。

许多抗日文献还保存得不少。像《文汇年刊》之类，我家里便还保存着，忘记了烧。

书如何能烧得尽呢？"野火烧不尽，春风吹又生。"以烧书为统治的手法，徒见其心劳日拙而已。

但愿这种书劫，以后不再有！

谈读杂书

汪曾祺（1920—1997）

江苏高邮人。1943 年毕业于昆明西南联合大学，先后任中学教员、历史博物馆职员。中华人民共和国成立后调入北京文联当编辑。后又到北京京剧院任编剧。主要作品有《邂逅集》《汪曾祺自选集》和剧本《沙家浜》等。其短篇小说《大淖纪事》获 1981 年全国优秀短篇小说奖。从这篇文章中，可以看出作者的阅读史及对读书的态度，以及随性读书、读杂书等主张。

我读书很杂，毫无系统，也没有目的。随手抓起一本书来就看。觉得没意思，就丢开。我看杂书所用的时间比看文学作品和评论的要多得多。常看的是有关节令风物民俗的，如《荆楚岁时记》《东京梦华录》。其次是方志、游记，如《岭表录异》《岭外代答》。讲草木虫鱼的书我也爱看，如法布尔的《昆虫记》，吴其濬的《植物名实图考》《花镜》。讲正经学问的书，只要写得通达而不迂腐的也很好看，如《癸巳类稿》。《十驾斋养新录》差一点，其中一部分也挺好玩。我也爱读书论、画论。有些书无法归类，如《宋提刑洗冤录》，这是讲验尸的。有些书本身内容就很庞杂，如《梦溪笔谈》《容斋随笔》之类的书，只好笼统地称之为笔记了。

　　读杂书至少有以下几种好处：第一，这是很好的休息。泡一杯茶懒懒地靠在沙发里，看杂书一册，这比打扑克要舒服得多。第二，可以增长知识，认识世界。我从法布尔的书里知道知了原来是个聋子，从吴其濬的书里知道古诗里的葵就是湖南、四川人现在还吃的冬苋菜，实在非常高兴。第三，可以学习语言。杂书的文字都写得比较随便，比较自然，不是正襟危坐，刻意为文，但自有情致，而且接近口语。一个现代作家从古人学语言，与其苦读《昭明文选》、"唐宋八家"，不如多看杂书。这样较易融入自己的笔下。这是我的一点经验之谈。青年作家，不妨试试。第四，从杂书里可以悟出一些写小说、写散文的道理，尤其是书论和画论。包世臣《艺舟双楫》云："吴兴书笔，专用平顺，一点一画，一字一行，排次顶接而成。古帖字体，大小颇有相径庭者，如老翁携幼孙行，长短参差，而情意真挚，痛痒相关。吴兴书如士人入隘巷，鱼贯徐行，而争先竞后之色，人人见面，安能使上下左右空白有字哉！"他讲的是写字，写小说、散文不也正当如此吗？小说、散文的各部分，应该"情意真挚，痛痒相关"，这样才能做到"形散而神不散"。

谈廉价书

汪曾祺

汪曾祺不爱借书爱买书，但他却爱买廉价书，而且读得有滋有味，这些滋味都被他写进了本文，展示出廉价书世界里的有趣一角。

文章滥贱，书价腾涌。我已经有好多年不买书了。这一半也是因为房子太小，买了没有地方放。年轻时倒也有买书的习惯。上街，总要到书店里逛逛，挟一两本回来。但我买的，大都是便宜的书。读廉价书有几样好处：一是买得起，掏出钱时不肉痛；二是无须珍惜，可以随便在上面圈点批注；三是丢了就丢了，不心疼。读廉价书亦有可记之事，爱记之。

一折八扣书

一折八扣书盛行于三十年代，中学生所买的大都是这种书。一折，而又打八扣，即定价如是一元，实售只是八分钱。当然书后面的定价是预先提高了的。但是经过一折八扣，总还是很便宜的。为什么不把定价压低，实价出售，而用这种一折八扣的办法呢，大概是投合买书人贪便宜的心理：这差不多等于白给了。

一折八扣书多是供人消遣的笔记小说，如《子不语》《夜雨秋灯录》《续齐谐》等等。但也有文笔好，内容有意思的，如余澹心的《板桥杂记》、冒辟疆的《影梅庵忆语》，也有旧诗词集。我最初读到的《漱玉词》和《断肠词》就是这种一折八扣本。《断肠词》的样子我到现在还记得，封面是砖红色的，一侧画一枝滴下两滴墨水的羽毛笔。一折八扣书都很薄，但也有较厚的，《剑南诗钞》即是相当厚的两本。这书的封面是米黄色的铜版纸，王西神题签。这在一折八扣书中是相当贵的了。

星期天，上午上街，买买东西（毛巾、牙膏、袜子之类），吃一碗脆鳝面或辣油面（我读高中在江阴，江阴的面我以为是做得最好的，真是细若银丝，汤也极好）、几只猪油青韭馅饼（满口清香），到书摊上挑一两本一折八扣书，回校。下午躺在床上吃粉盐豆（江阴的特产），喝白开水，看书，把三角函数、化学分子式暂时都忘在脑后，考试、分数，于我何有哉，这一天实在过得蛮快活。

一折八扣书为什么卖得如此之贱？因为成本低。除了垫出一点纸张油墨，就不须花什么钱。谈不上什么编辑，选一个底本，排印一下就是。大都只是白文，无注释，多数连标点也没有。

我倒希望现在能出这种无前言后记，无注释、评语、考证，只印白文的普及本的书。我不爱读那种塞进长篇大论的前言后记的书，好像被人牵着鼻子走。读了那样板着面孔的前言和啰唆的后记，常常叫人生气。而且加进这样的东西，书就卖得很贵了。

扫叶山房

扫叶山房是龚半千的斋名，我在南京，曾到清凉山看过其遗址。但这里说的是一家书店。这家书店专出石印线装书，白连史纸，字颇小，但行间加栏，所以看起来不很吃力。所印书大都几册作一部，外加一个蓝布函套。挑选的都是内容比较严肃、有一定学术价值的古籍，这对于置不起善本的想做点学问的读书人是方便的。我不知道这家书店的老板是何许人，但是觉得是个有心人，他也想牟利，但也想做一点于人有益的事。这家书店在什么地方，我不记得了，印象中好像在上海四马路。扫叶山房出的书不少，嘉惠士林，功不可泯。我希望有人调查一下扫叶山房的始末，写一篇报告，这在中国出版史上将是有意思的一笔，虽然是小小的一笔。

我买过一些扫叶山房的书，都已失去。前几年架上有一函《景德镇陶录》，现在也不知去向了。

旧书摊

昆明的旧书店集中在文明街，街北头路西，有几家旧书店。我们和这几家旧书店的关系，不是去买书，倒是常去卖书。这几家旧书店的老板和伙计对于书都不大内行，只要是稍微整齐一点的书，古今中外，文法理工，都要，而且收购的价钱不低。尤其是工具书，拿去，当时就付钱。我在西南联大时，时常断顿，有时日高不起，拥被坠卧。朱德熙看我到快十一点钟还不露面，便知道我午饭还没有着落，于是挟了一本英文字典，走进来，推推我："起来起来，去吃饭！"到了文明街，出脱了字典，两个人便可以吃一顿破酥包子或两碗闷鸡米线，还可以喝二两酒。

工具书里最走俏的是《辞源》。有一个同学发现一家书店的《辞源》的收售价比原价要高出不少，而拐角的商务印书馆的书架就有几十本崭新的《辞源》，于是以原价买到，转身即以高价卖给旧书店。他这种搬运工作干了好几次。

我应当在昆明旧书店也买过几本书，是些什么书，记不得了。

在上海，我短不了逛逛旧书店。有时是陪黄裳去，有时我自己去。也买过几本书。印象真凿的是买过一本英文的《威尼斯商人》。其时大概是想好好学学英文，但这本《威尼斯商人》始终没有读完。

我倒是在地摊上买到过几本好书。我在福煦路一个中学教书，有一个工友，姑且叫他老许吧，他管打扫办公室和教室外面的地面，打开水，还包几个无家的单身教员的伙食。伙食极简便，经常提供的是红烧小黄鱼和炒鸡毛菜。他在校门外还摆了一个书摊。他这书摊是名副其实的"地摊"，连一块板子或油布也没有，书直接平摊在人行道的水泥地上。老许坐于校门内侧，手里做着事，择菜或清除洋铁壶的水碱，一面拿眼睛向地摊上瞟着。我进进出出，总要蹲下来看看他的书。我曾经买过他一些书，——那是和烂纸的价钱差不多的，其中值得纪念的有两本。一本是张岱的《陶庵梦忆》，这本书现在大概还在我家不知哪个角落里。一本在我来说，是很名贵的：万有文库汤显祖评本《董解元西厢记》。我对董西厢一直有偏爱，以为非王西厢所可比。汤显祖的批语包括眉批和每一出的总批，都极精彩。这本书字大，纸厚，汤评是照手书刻印的。汤显祖字似欧阳率更《张翰帖》，秀逸处似陈老莲，极可爱。我未见过临川书真迹，得见此影印刻本，而不禁神往不置。"万有文库"算是什么稀罕版本呢？但在我这个向不藏书的人，是视同珍宝的。这书跟随我多年，约十年前为人借去不还，弄得我想引用汤评时，只能于记忆中得其仿佛，不胜怅怅！

小镇书遇

我戴了"右派"帽子，下放张家口沙岭子劳动。沙岭子是宣化至张家口之间的一个小站，这里有一个镇，本地叫作"堡"（读如"捕"）。每遇星期天、节假日，没有什么地方可去，我们就去堡里逛逛。堡里有一个供销社（卖红黑灯芯绒、凤穿牡丹被面、花素直贡呢、动物饼干、果酱面包、油盐酱醋、韭菜花、青椒糊、臭豆腐），一个山货店，一个缝纫社，一个木业生产合作社，一个兽医站。若是逢集，则有一些卖茄子、辣椒、疙瘩白的菜担，一些用绳络网在筐里的小猪秧子。我们就怀了很大的兴趣，看凤穿牡丹被面，看铁锅，看扫帚，看茄子，看辣椒，看猪秧子。

堡里照例还有一个新华书店。充斥于书架上的当然是毛选，此外还有些宣传计划生育的小册子、介绍化肥农药配制的科普书、连环画《智取威虎山》《三打白骨精》。有一天，我去逛书店，忽然在一个书架的最高层发现了几本书：《梦溪笔谈》《容斋随笔》《癸巳类稿》《十驾斋养新录》。我不无激动地搬过一张凳子，把这几册书抽下来，请售货员计价。售货员把我打量了一遍，开了发票。

"你们这个书店怎么会进这样的书？"

"谁知道！也除是你，要不然，这几本书永远不会有人要。"

不久，我结束劳动，派到县上去画马铃薯图谱。我就带了这几本书，还有一套郭茂倩的《乐府诗集》，到沽源去了。白天画图谱，夜晚灯下读书，如此"右派"，当得！

这几本书是按原价卖给我们的，不是廉价书。但这是早先的定价，故不贵。

鸡蛋书

赵树理同志曾希望他的书能在农村的庙会上卖，农民可以拿几个鸡蛋来换。这个理想一直未见实现。用实物换书，有一定困难，因为鸡蛋的价钱是涨落不定的。但是便宜到只值两三个鸡蛋，这样的书原先就有过。

我家在高邮北市口开了一爿中药店万全堂。万全堂的廊下常年摆着一个书摊，两张板凳支三块门板，"书"就一本一本地平放在上面。为了怕风吹跑，用几根削方了的木棍横压着。摊主用一个小板凳坐在一边，神情古朴。这些书都是唱本，封面一色是浅紫色的很薄的标语纸的，上面印了单线的人物画，都与内容有关，左边留出长方的框，印出书名：《薛丁山征西》《三请樊梨花》《李三娘挑水》《孟姜女哭长城》……里面是白色有光纸石印的"文本"，两句之间空一字，念起来不易串行。我曾经跟摊主借阅过。一本"书"一会儿就看完了，因为只有几页，看完一本，再去换。这种唱本几乎千篇一律，开头总是："自从盘古开天地，三皇五帝到如今。"三皇五帝是和什么故事都挨得上的。唱词是没有多大文采的，但却文从字顺，合辙押韵（七字句和十字句）。当中当然有许多不必要的"水词"。老舍先生曾批评旧曲艺有许多不必要的字，如"开言有语叫张生"，"叫张生"就得了嘛，干吗还要"开言"还"有语"呢？不行啊，不这样就凑不足七个字，而且韵也押不好。这种"水词"在唱本中比比皆是，也自成一种文理。我倒想什么时候有空，专门研究一下曲艺唱本里的"水词"。不是开玩笑，我觉得我们的新诗里所缺乏的正是这种"水词"，字句之间过于拥挤，这是题外话。我读过的唱本最有趣的一本是《王婆骂鸡》。

这种唱本是卖给农民的。农民进城，打了油，撕了布，称了盐，到万全堂买了治牙疼的"过街笑"、治肚子疼的暖脐膏，顺便就到书摊上翻翻，挑两本，放进捎马子，带回去了。

农民拿了这种书，不是看，是要大声念的。会唱"送麒麟""看火戏"的还要打起调子唱。一人唱念，就有不少人围坐静听。自娱娱人，这是家乡农村的重要文化生活。

唱本定价一百二十文左右，与一碗宽汤饺面相等，相当于三个鸡蛋。

这种石印唱本不知是什么地方出的（大概是上海），曲本作者更不知道是什么人。

另外一种极便宜的书是"百本张"的鼓曲段子。这是用毛边纸手抄的，折叠式，不装订，书面写出曲段名，背后有一方长方形的墨印"百本张"的印记（大小如豆腐干）。里面的字颇大，是蹩脚的馆阁体楷书，而皆微扁。这种曲本是在庙会上卖的，我曾在隆福寺买到过几本。后来，就再看不见了。这种唱本的价钱，也就是相当于三个鸡蛋。

附带想到一个问题，北京的鼓词俗曲的资料极为丰富，可是一直没有人认真地研究过。孙楷第先生曾编过俗曲目录，但只是目录而已。事实上这里可研究的东西很多，从民俗学的角度，从北京方言角度，当然也从文学角度，都很值得钻进去，搞十年八年。一般对北京曲段多只重视其文学性，重视罗松窗、韩小窗，对于更俚俗的不大看重。其实有些极俗的曲段。如"阔大奶奶逛庙会""穷大奶奶逛庙会"，单看题目就知道是非常有趣的。车王府有那么多曲本，一直躺在首都图书馆睡觉，太可惜了！

一九八六年七月八日。

读书杂感

查尔斯·兰姆 (1775—1834)

　　著名英国散文家，与蒙田并列的具有世界声誉的随笔大家。他写过诗歌、传奇、剧本、莎剧论文。与姐姐玛丽合写的《莎士比亚戏剧故事集》原是为英国儿童写的通俗读物，现已成为全世界莎剧初学者必读的入门书。本文中，作者就自己的读书经历，谈了一些感想。

　　去注意一本书的内容是拿别人脑里榨出的东西来消遣。我却想一个受过良好教育的上等社会人对自己脑里自由地涌出的思想会觉得非常好玩。

　　——《重蹈覆辙》剧中福宾扬爵士说的话。

爵士大人这句漂亮的机锋是这么深深地打进了我一个朋友的心坎里，他已经完全不念书，因此他脑里天外飞来的簇新思想大有增加。不管我有没有失去我思想出奇的令名的危险，我总要自己承认我贡献不少的时间，去念旁人的思想。在别人的空想里，我做梦地度去我的时光，我喜欢将自己沉溺在旁人的心灵里。我不走路的时候，就得念书，我不能坐着苦想。书籍替我想一切的东西。

我对书篇没有什么厌恶。沙弗斯伯利的文章，我不觉得太细腻优柔，朱黎山·王尔德的我也不以为太下流。凡是我认做是书的，我都能念。有的带着书的外形，我却不能当做是书。

在这"不是书的书"目录里，我可以数出宫廷起居注指南，袖珍书本（文学的除外），装订好而背后写着字的棋盘，科学论文，历书，法典大全；休谟，吉朋，鲁百孙，必提，孙安·金立斯的著作，以及一切所谓"绅士家里书库不可不备的书"；同福利非亚斯·朱西发斯（那位博学的犹太人）的历史，伯黎的伦理学。这些除开之外，我差不多什么东西都可以念。我的趣味能够这么广大并包，我真要庆祝自己。

看这类"穿着书的外衣的东西"栖止在书架上，像假圣人，霸占真正神瓮者，侵犯神殿者，反把正当要排在上面的赶了出来，我自认这件事使我很愤怒。拿下一本装订得好像书的东西，心里希望这是个心地温和的剧本，翻开那"像书叶子"的东西，突然感到一个憔悴凋零的《人口论》。希组得一本斯蒂鲁的文集或者法夸尔的喜剧，却遇着——亚当·斯密斯。看到那笨傻的百科全书（"大英"的或"京师"的）整部好好地排着，用俄罗斯或摩洛哥皮装饰，当那好皮的十分之一就够把我那冻得发战的大书舒服地再穿上一层外衣；使巴纳西鲁沙斯四面目一新，破旧的来门·鲁立也能在世上重复旧观。我每回看这班冒充者，总想把它们的衣服剥下，将这抢来的东西盖上我那穿百结衣的老书，使能得到温暖。

有坚固的背脊，清清楚楚地订着，这是一本书不可少的条件。然后再谈到华丽。就是办得到讲究华丽，我们也不应该毫无分别地花费在一切书的上面。好像，我不情愿把一套杂志穿上整整齐齐的衣服一样。便服或者半装订（老是用俄国皮做背脊）是"我们"的装束。将一本莎士比亚或密尔敦（除非是第一版）盖上艳服，完全是纨绔虚荣爱慕浮华的行为。这种浓妆不能增加它们的价值。说来也奇怪，这种外表（这外表是那么普通的）不能引起快感，也不会增加书的主人占有的愉快。还有汤姆生的《四季》这本诗集最漂亮的时候（我是这样主张的）是有些撕破处同折卷的页子。由一个真真爱念书的人看来，"流通图书馆"的老旧的汤姆·朱黎斯同威克菲尔牧师传的玷污的纸页同破烂的外表是多么美丽，而且，若使我们不因为过于讲究而忘却人类的温情，那种气味（俄国皮以外的气味），也是何等的可爱！这些破书指示出曾经有千个手指快乐地翻那页子！——有的由它们得些快乐的寂寞女缝匠（做帽带首饰的，或者勤作的做女衣者）在她长日工作之后，已经入了深夜，她由睡眠里勉强地偷出一个钟头，一字一字地拼出那迷人的内容，好像将她的烦恼浸在一杯忘川的水里头！谁愿意这些书少有些污点？我们能够希望它们有什么更好的形相吗？

越是好的书，仿佛越不需要精美的装订。菲鲁丁，斯姆立，斯东，同一切这一类自己老是生下新版的书——"大自然的铅版"——我们看它们个本的销灭，没有痛心，因为我们知道这一部书是"万古不灭"的。但是一本同时又好又难得的书——差不多是海内孤本，当它毁坏了，我们不知道那里去找普鲁米修斯的火，能够将它的光重新燃起。这种书，比方像那公爵夫人所作的《新堡公爵传》——我们来敬重，来保存这样一个宝贝，没有珍贵的匣子会说是够得上，没有套子可以算坚固得够用了。

不止这类难得的，又没有再版希望的书值得这样看重；就是菲立·史得利，泰禄主教，做散文的密尔敦，弗禄等作家的老版子——虽然我们也有翻印本到处流通，人们有时也谈到它们，可是我们知道它们还没有（将来也未必能够）熔化在我们民族心里，所以不能变做通常的书——这类的书我们还是用坚固值钱的皮装起好些。我并不爱第一次对折版的莎士比亚。我倒喜欢雷和汤生的版本，没有注解，附上的铜版印得非常坏，只可当张地图或者提起书里说的是什么；并没有野心想和原版比赛，所以比那莎氏雕刻木版本还好得多，因为木版本是打算和原版竞争的。我对他的戏剧和国人有共通的情感，所以我爱那最常在人手里翻转的版子。——同这个相反的，堡门和弗烈取的剧本，我非对折本念不下去。八开本看起来觉得恶心，不能使我生出同情。若使这种版本的读者也有念别个诗人通行本的人那么多，那么我也可以喜欢这八开本，不再那么样爱老版了。我没有看见过一个比翻印《愁闷的分析》再麻木不仁的举动。把这古老的伟大老头子的骨头掘起来，用最时髦的寿衣捆着拿来给现代人骂，这又何必呢？哪个不幸的老板会梦想伯敦也有受大众欢迎的日子？——就是下践的马伦也不能干件再坏的事情，马伦用钱略贿司图拉福教堂的事务员，让他进去用灰水刷白那带彩色的老莎翁雕像，那像本来站在那里很粗糙地但是栩栩如生地配上颜色，甚至面颊，眼睛，眉毛，头发，他常穿衣服一切的颜色都画出来——无论怎地不完全，这是我们所有唯一的关于莎翁奇怪形容的记载。他们用一层白垩盖上去。我指"——"为誓，若使我是瓦亦克州的法官，我要把他们当作一双瞎闹渎圣的无赖，用足枷将这注书家同事务员都紧紧地抓住。

他们——这班捣乱坟墓的聪明人——工作的样子，现在活现在我眼前。

我会不会被人们当做胡思乱想的人，若使我老实地说，有几位我们诗人的名字读起来特别甜蜜，听到耳里另有一种滋味——最少，对我是这样子——比密尔敦，莎士比亚都来得悦耳？或者，莎士比亚这名字在普通谈话里太常用了，弄得走味了。最甜蜜的名字，说起来带着香气的是岂·玛禄，都莱敦，何桑登的都拉门，和考莱。

读一本书，在"什么时候"同"什么地方"读，都很有关系的。在大餐没有预备好以前，剩的五六分不耐烦的时间，谁会想拿《仙后》或者一本安徒留斯主教的训语来填这一点的闲空呢？

在读密尔敦以前，你差不多要先听一套严肃的音乐才行。但是密尔敦诗里有他的音乐，那听的人须要有恬静时思想同干净的耳朵。

冬夜——我们同外面的世界隔绝了——温文的莎士比亚不怎么拘礼地走进来了。这时，最好读《暴风雨》或者他自己的《冬夜故事》——

这两位诗人你不得不大声诵读——一个人独念，或者（有时凑巧）有一个人听着。一个以上——那就变做无聊的听众了。

趣味热烈紧张的书，很快地把我们带到说奇事的地方，这种书只好让眼睛溜掠看过去。把它读出声是不行的。我就是听人念那比较好些的近代小说，也免不了觉得万分的不耐烦。

一张报纸念出声来是使人忍耐不下的事。有些银行里有一种习惯，（为着省俭个人的时间，）让一个书记——他是里头最有学问的人——念出《泰晤士报》或者《纪事报》大声地把"为公众的利益"的全部内容读出来。用尽肺同演说家的本领，那结果是非常无味的。在理发店同客栈里，一个人忽然站起来，拼着字念出一段新闻，他把这个告诉人家像个新发明。又一个拣他自己爱念的也报告一段出来。这样子整张报一块一块地最后全说出来了。少看书的人看字看得非常慢，若使没有这种变通办法，一群里恐怕没有一个人能够披阅完整张报纸的内容。

报纸总是引起我们的好奇心。可是没有一个人放下报纸时，心里不觉得希望。

在那都俱乐部里，穿着黑衣的绅士拿那报纸看得多么久的年代了！侍者不断地叫着，"先生，《纪事报》有人看着。"我真听得厌烦。

晚上到了个客栈——叫好了晚餐——在窗台上找出好久

好久以前有些客人一时大意丢在那里——二三本小城的老杂志，带着两人对面的有趣图画——下面写着"伟大的爱人与格××太太"；"屈伏了的唱高调女人与老浪子"——同这一类久已过去了的谣言，天下还有比这个更快乐的事吗？你愿意——在那时候，那样地方——把它来换一本更好的书吗？

最近瞎了眼睛的可怜杜宾对于不能阅览严肃作品倒没有什么痛惜——《失乐园》同《可吗斯》这类书他可以教人读给他听——但是他却失去了那用自己眼睛飞读杂志或者滑稽文章的快乐。我就是在大教堂严肃的甬道里，独自读《戀第德》时候，若使给人看见，我也不怕什么。

我有一回很舒服地躺在草上在，樱草山（她的新使拿）被一个很熟的小姐借出，在那里读——《拍买拉》，我记不起有过比这个更可笑的惊讶。书里并没有说什么话，使个男人看起来，觉得真真地害羞；但是当她坐在我旁边，好像决心和我同念，我真望它是——一本别的书。我们很要好地同念几页；她觉得这作家不合她的口味，站起来——走了。温和的研究人们动机的学者，我让你去猜赧颜（我们中间有——个脸红了）在这两可的情形，到底是属于这位仙女，还是发生在我这田舍少年。你绝不能由我得到秘密。

我不大喜欢在户外读书。我不能够收下心读下去。我认得一个主张神位唯一派的牧师，他常常在早上十时同十一时中间在雪山（师金吕街那时还没有出世）读一本腊得律做的书。这种忘却一切环境的能力，我自认是办不到的。看见一个挑夫的绳结或者一个面包篮会将我所知道的神学全由我脑里赶跑了，使我弄得比不知道五要点还坏。

　　还有一种路旁书摊的读者，我每次想起这种人让我总要动情——那班可怜的先生，没有钱来买书同租书，由那排着书卖的摊子上偷些学问——老板用他厉害的眼睛，老在那里不高兴地看着，心里想什么时候他们才不看。悬心吊胆地冒险着，一页又一页无时不在预期那老板会下个禁谕，但是他们又舍不得那种快乐，他们这样子"捡来些充满恐惧的快乐"。马丁·伯就曾这样每天念一点，读完两卷克拉力沙，那时管摊子的冷下他这可赞美的野心，问他（这是在他年轻时候）到底想不想买那本书。老马说他一生中无论在什么情形之下，没有念一本书，有那次不安的偷看的一半趣味。一个现代奇怪的女诗人对这问题用两首非常动情，但是很朴素的诗来歌咏：

　　　　我看见一个眼睛充满热烈希望的小孩

　　　　在书摊上翻开一本书来，

　　　　读时节好似想一气念完；

　　　　开书摊人看见这样，

我听见他很快地向少年招呼，
"先生，你从来没有买过书，
所以请你不要在这里看书。"
小孩慢慢地踱开，叹口气，
满望他从来没有认过字母，
他就不会用这老东西的书了。

穷人有好多苦病，
富的永远没有尝过，
我不久又看见一个小孩，
他脸上好像老是饿着，
那天最少是没吃东西——
他对着酒店的凉肉用着眼睛享受，
我想这个小孩的情形必定更苦，
这么饿着，想着，这样一个便士也没有，
对着烹得精美的好肉空望，
他免不了会希望他生来没有学会吃东西。

（梁遇春　译）

第三章　分享读书的快乐

　　读书是一种享受，是一种乐趣，是一种与书中人物心灵的交流。读书是快乐的，快乐的人都喜欢读书。做一个快乐的读书人，跟书成为好朋友，感受阅读的美好与愉悦，闲适地交谈，倾心地思考，反复地温习，活学活用，在知识的海洋中体验无穷乐趣。

读书百宜录

张恨水（1895—1967）

中国章回小说家，鸳鸯蝴蝶派代表作家，被尊称为现代文学史上的"章回小说大家"。民国时期通俗文学的代表人物，同时还是优秀的报人。主要作品有《春明外史》《金粉世家》《啼笑因缘》《巴山夜雨》等。《读书百宜录》，全文语言以四字为主，情味悠长，书境合一，可谓道尽了爱书人读书之趣。

读书有时，亦须有地。善读书者，则觉一切声色货好之处，无不可于书中得之也。试作读书百宜。

秋窗日午，小院无人，抱膝独坐，聊嫌枯寂，宜读庄子秋水篇。

菊花满前，案有旨酒，开怀爽饮，了无尘念，宜读陶渊明诗。

黄昏日落，负手庭除。得此余暇，绮怀万动，宜读花间诸集。

大雪漫天，炉灯小坐，人缩如猬，豪气欲销，宜读水浒传林冲走雪一篇。

偶然失意，颇感懊恼，徘徊斗室，若有所悟，即宜拂几焚香，静坐稍息徐读楞严经。

银灯灿烂，画阁春温，细君含睇，穿针夜话，宜高声朗诵，为伊读西厢记。

月明如画，清霜行天，秋夜迢迢，良多客感，宜读盛唐诸子一唱三叹之诗。

蔷薇架下，蜂蝶乱飞，正在青春，谁能不醉，宜细读红楼梦。

冗于琐务，数日不暇，摆脱归来，俗尘满襟，宜读史纪项羽本纪及游侠列传。

淡日临窗，茶烟绕案，瓶花未谢尚有余香，宜读六朝小品。

题曰百宜，不能真个列举百宜。必欲举之，未免搜索枯坐，然而枯则无味矣。敬作抛砖之引，以求美玉之来。

我之于书

夏丏尊

此文于 1933 年 11 月发表在《中学生》杂志上。作者首先说到读书要"广博"。然后，又介绍他是怎样读书的——"先看序文""次看目录"，可"立刻通读"，亦可"略加翻阅"。对文中内容有时可"用笔加圈"，有时可"用红铅笔划粗粗的线"，也就是将"认为要紧的处所标出"。从中我们可以吸取一些作者的读书经验。

二十年来，我生活费中至少十分之一二是消耗在书上的。我的房子里比较贵重的东西就是书。

我一向没有对于任何问题作高深研究的野心，因之所买的书范围较广，宗教，艺术，文学，社会，哲学，历史，生物，各方面差不多都有一点。最多的是各国文学名著的译本，与本国古来的诗文集，别的门类只是些概论等类的入门书而已。

我不喜欢向别人或图书馆借书。借来的书，在我好像过不来瘾似的，必要是自己买的才满足。这也可谓是一种占有的欲望。买到了几册新书，一册一册地加盖藏书印记，我最感到快悦的是这时候。

书籍到了我的手里，我的习惯是先看序文，次看目录。页数不多的往往立刻通读，篇幅大的，只把正文任择一二章节略加翻阅，就插在书架上。除小说外，我少有全体读完的大部的书，只凭了购入当时的记忆，知道某册书是何种性质，其中大概有些什么可取的材料而已。什么书在什么时候再去读再去翻，连我自己也无把握，完全要看一个时期的兴趣。关于这事，我常自比为古时的皇帝，而把插在架上的书譬诸列屋而居的宫女。

我虽爱买书，而对于书却不甚爱惜。读书的时候，常在书上把我所认为要紧的处所标出。线装书大概用笔加圈，洋装书竟用红铅笔划粗粗的线。经我看过的书，统体干净的很少。

据说，任何爱吃糖果的人，只要叫他到糖果铺中去做事，见了糖果就会生厌。自我入书店以后，对于书的贪念也已消除了不少了，可是仍不免要故态复萌，想买这种，想买那种。这大概因为糖果要用嘴去吃，摆存毫无意义，而书则可以买了不看，任其只管插在架上的缘故吧。

闲读的美好

陈　武（1963—　　）

江苏东海人，中国作家协会会员，江苏省作家协会理事，一级作家。作品在《人民文学》《中国作家》《作家》《十月》《钟山》《花城》《天涯》等杂志发表，共计500余万字。多篇小说被《小说选刊》《小说月报》《中篇小说选刊》《中华文学选刊》《北京文学·中篇小说月报》《作品与争鸣》等选载。出版各类文学作品三十余部。多次获得紫金山文学奖、花果山文学奖等文学奖项。本文谈了作者平时的一些读书心得和闲读的美好时光。

多年以前，我喜欢泡图书馆。我的乐趣，不是事先要去借什么书或读什么书，而是到借书处去闲逛逛，看看那些新书的预告，看看那些进入图书馆的读者，然后再在一排排大书柜的缝隙间走几趟，脚步要轻，要慢，要闻一闻书香，要让自己置身在书间。在某个角落，再停下脚步，聆听一会儿书们的窃窃私语。毫无预兆的，我的目光会停留在某一本书上，书脊上的字会亲切地跟我微笑，也仿佛在跟我打招呼。我伸手抽出来，翻开一页，读几行——这居然就是我喜欢的书，它就躲在这里，等着我来，仿佛我们气息早已相通。

这种感觉真是妙不可言。

这种奇特的幸福感一直延续着，一直是我进入图书馆的诱因，它让我在闲读中汲取许多营养，也培育着我对书的美好的情感。不知谁说过，图书馆是一座城市的思想，也是一座城市的灵魂。但是我却把图书馆当作答案，当作家里的一个房间，或者是我家门前瓜棚下的一块阴凉。我在这里可以随心所欲地和大师们对话，领略大师们那充满智慧的思想；也可以和名不见经传的作者喁喁闲谈，聆听他们的趣味和风情。如果在书中，巧遇那些出入图书馆的主人公们，那种亲切和美好，真如春风拂面。说真话，这种闲适的阅读，一直影响着我，也一直是我心向往之的，这让我想起历史上一些闲读的或闲写的趣事。

早在一九二七年一月，成仿吾先生在《洪水》杂志第三卷第二十五期上，有一篇很标榜的文章，《完成我们的文学革命》，文中略带嘲讽的口气，说鲁迅先生"坐在华盖之下抄他的小说旧闻……这种以趣味为中心的生活基调，它所暗示着的是一种在小天地中自己骗自己的自足，它所矜持着的是闲暇，闲暇，第三个闲暇"。到了一九三二年四月，鲁迅先生编辑他的第四本杂感集时，对成仿吾先生的话还有些耿耿于怀，在序言里重提这件事，"而且'有闲'还至于有三个"，因此，把文集"编成而名之曰《三闲集》"。

　　鲁迅先生被人家说"闲"有些不痛快，也许并不是成仿吾先生的"浅"，原因可能比较深奥也比较复杂，我们不去推想。丰子恺先生写文章标榜自己闲，却是真心的，他的画和散文，大都反映悠然、自在、恬淡、轻闲、自然、质朴、乐观等内容。有一篇《闲居》，还把"闲日月中的闲日"的生活情调，比作音乐，举了一大堆音乐俗语和音乐家，很有些自得其乐。方成作画，姜德民作文，印过一本《闲人与闲文》，记述不少京城名流悠闲自得的读书生活，倒是让人神往。记得若干年前，看过一本小书，叫《中国人的悠闲》，讲了许多种中国式的悠闲，散步、游历、养花、钓鱼、谈天、喝茶、下棋、观剧、听书、唱曲、斗鸡、斗蟋蟀、玩鸟、吟诗……还把读书之乐当作悠闲的一部分，让我特别地有同感。"读书不独变气质，且能养精神，盖理义收摄故也。"这是明代文人陆绍珩在《醉古堂》里的话，又说："披卷有馀闲，留客坐残良夜月；褰帷无别务，呼童耕破远山云。""闲中觅伴书为上，身外无求睡最安。"一向以玩乐为上的清人李渔在《闲情偶记》里更是说："读书最乐之事，而有人常以为苦……就乐去苦，避寂寞而享安闲，莫若与高士盘桓、文人论道。"现代作家孙犁在读书之余，喜欢给书包上书衣，并在书衣上题简短文字，记述有关的书人书事，独创一种"书衣体"，结集有《书衣文录》，留下佳话。孙犁喜欢理书整书读书，觉得这是生活中高境界的悠闲。汪曾祺在《谈读杂书》一文中说："泡一杯茶，懒懒地靠在沙发里，看杂书一册，这比打扑克要舒服得多。"

　　以上这些，都是说读书的"闲"的，不过，这种闲的境界可不是一般人都能做到。有人说："好读书如果是天性，那当然什么都不用说，肯定是乐在其中，不读则苦。嗜好的读书正是无功利目的的读书，是一种人生悠闲而有意义的享受。"宋代大文人黄山谷也说，人要不读书，会言语无味，面目可憎。林语堂把读书比作是一种心灵的活动。清代文人张潮在《幽梦影》里，对读书更有妙解："善读书者，无之而非书。山水亦书也，棋酒亦书也，花月亦书也。"又说："有功夫读书谓之福，有力量济人谓之福，有学问著述谓之福，无是非到耳谓之福，有多闻直谅之友谓之福。少年读书如隙中窥月，中年读书如庭中望月，老年读书如台上玩月，皆以阅历之浅深为所得之浅深耳。"

这些前人的妙论，多少次都让我回味无穷，所以也就无法改变我泡图书馆的习惯。试想一下，如果你躲在图书馆里，手把一本书——当然是亲自淘来的书，于闲读中，体味书人书事，沐浴智慧之光，其间妙趣，非三言两语可以说尽。

那么，也许有人会说了，如今商潮滚滚，谁还有心情把玩闲书呢？那是他对所谓的"闲"还理解不到位，或者说修行还不够。所谓闲书，不过是相对而言，透出的，应该是读书人的心态、智慧和气质，是只可意会不可言传的东西。是的，正是这种略显古怪的闲读，一次次唤醒我的创作欲望，也正是图书馆的魔力，唤起我闲读的兴趣。闲读就像疯狂的强效药，能让我得到意想不到的收获。

书书有情

陈 武

本文写读书人、写书人谈书的书，通过阅读他们的这些书，使书的内涵进入自己的精神和心灵，真是别有趣味，可以说是书书有情。

难得这样有闲，理了几天书，也读了几本关于书的书，有的是重读，有的是新读。看读书人、写书人谈书的书，真是别有趣味，也可以说是书书有情。

周作人的《书房一角》经止庵校订后，清新爽朗，洒脱俊秀，加上开本的特殊，让人爱不释手。出版家范用编了一本"怪"书，《爱看书的广告》。范用在"编者的话"里说："我爱书，爱看书的广告。"又说，"印象最深的，是商务印书馆的'每日新书'广告，印在《申报》《新闻报》的头版报名之下，豆腐大小的一块。"也许正是这些书的广告对他的影响，才让范用最终成为出版家吧。这本《爱看书的广告》，就是他从二十世纪三四十年代的报刊上收集汇编而成的，该书所收的书的广告，大多出自名家——鲁迅、叶圣陶、巴金、郁达夫、郑振铎、赵家璧、胡适等。这些广告文字，其实都是文辞优美的文学作品，或者是短小的书评，有时还传达出撰写者的感悟。如叶圣陶为朱自清《背影》撰写的广告云："这是他最近选辑的散文集，共含散文十五篇，叙情则缠绵悱恻，述事则熨帖细腻，记人则活泼如生，写景则清丽似画，以至于嘲骂之冷酷，讥刺之深刻，真似初写黄庭，恰到好处。以诗人之笔做散文，使我们读时感到诗的趣味。全书一百五十馀页，上等道林纸精印，实价伍角伍分。"这哪里是书的广告呢，分明是一篇文采飞扬的抒情散文。而范用老先生的新著《叶雨书衣》，则收录了他从事出版事业几十年来设计的封面和版式。叶雨是范先生的笔名，他设计的人文社科类图书封面，极富书卷气，简洁朴素，高雅大方，该书收录他七十余种图书装帧作品，有创刊号的《读书》，有巴金初版本《随想录》，有郑振铎的《西谛书话》等，可以说是对老版式的一次有趣的回顾和把玩。董宁文撰写的《人缘与书缘》，更是一部关于"书人书事"的书，记录的是读书界大家如施蛰存、柯灵、曹禺、季羡林、杨绛、王辛笛等人的读书、著书、编书的心路历程，文辞优雅，言之有味，加上一幅幅珍贵的照片和手迹，有精有神，使该书具备了多重的品质。奚椿年的《书趣》，通篇在"趣"字上着眼，对书的渊源细细道来。全书共分"书史篇""藏书篇""著书篇""读书篇"，谈了"形形色色的做书材料""奇特的古书装订式样""只此一家的孤本"等书趣，还说到"古人抄书""盲人著书""名人对书的比喻"等等，让你知道，书不仅是传递知识的载体，还有那么多生动的典故和逸闻。《中国书名趣谈》又是截然不同的内容，是对上到《易经》下至《围城》的中外书籍的"书名"为论说对象，每一本书名都有一段故事，所谓"趣谈"重点在一个"趣"字上，涉笔成趣，落笔也成趣，居然"趣"谈了一百八十多本书。《藏书故事》是编者读书万卷，从中摘录的历代藏书家的藏书、读书、写书、淘书故事，每篇都不长，先介绍藏书家的生卒年、主要经历或事迹，然后叙述他的藏书故事，或摘录其诗文、言论，或转述别人对他的评议。《品书奇言》和《藏书故事》有些地方相似，不同的是，《品书奇言》重在摘录《朱子品书箴》《读书十六观》《演读书十六观》《读书通录》《先正读书诀》等旧籍里的精言妙句。这些金玉良言好比陈年佳酿，历久弥新，慢慢品尝，能为我们修身养性、为人处事方面提供有益的借鉴和启示。止庵的《相忘书》和王稼句的《看书琐记》，都是关于读书的心得和感悟，读来如饮甘露。

有时间理书，已经是幸福的事了；有时间理关于书的书，看看读书人、著书人谈书、说书，又是幸福中的幸福。闲中觅伴书为上，一卷好书在手，通过阅读，使书的内涵进入自己的精神和心灵，真的是太美妙的享受了。

读书·读人·读自己

黄树芳（1938—　　）

男，河北定兴人，1938 年 10 月生，中共党员，中国作家协会会员，一级作家，副教授。1957 年开始业余文学创作，至今已出版各类文学作品 13 部（含合著 2 部），共计 250 余万字。作者通过多年的亲身经历，以具体的人和事，将日常书来书往中的所触、所感、所悟、所获，一一写出来，警惕自己，也给读者一个常见的但也值得深思的话题——在读书中学习做人，最重要的是读懂怎么做人，做什么样的人。

为什么要读书？人的回答大概不会完全一致。我在上小学六年级的时候，村里有个三十多岁的妇女跳井身亡，当时，脑子一热就拿这个题材写了一篇作文。老师看后把我叫到办公室，说："我知道你爱好文学。这篇作文，我没写批语，但把我老师教我的一句老祖宗的话写在作文的后面了，回去好好看看，慢慢理解。希望你一辈子都别忘。"老师给我写的这句话是："有人向欧阳修请教写作之道，欧阳修说：'无他术，唯勤读书而多为之，自工。'"——这就是我读书的起因。从那以后，读书一直是我生活中的一项重要内容。

怎么读书？多年的实践使我认识到，阅读要联系自己，从实际出发。我学历不高，没进过大学。参加工作后，被分配到一座煤矿的教育办公室当文化教员，就是教那些不认字的工人学文化，当时叫"扫盲"。不久又调到党委宣传部当理论教员，就是给干部（即现在的管理人员）辅导理论学习。除这些本职工作外，我还有一个业余爱好：就是搞点儿文学创作。像我这样的情况，的的确确是"无他术，唯勤读书而多为之……"立身以立学为先，立学以读书为本。要完成任务搞好工作，在社会上站稳脚跟，对我来说，重中之重是学习文化，增加知识，弥补自己的先天不足，而读书是学习文化增加知识的必经之路。莎士比亚说："书是全世界的营养品。"西汉刘向说得更具体："书犹药也，善读可以医愚。""医愚"这个词，对我简直是一针见血，真感如获良药。这些经典名言以前也读过，但只有走向社会，面对生活现实的时候，才真正感悟到那些名人名言就像超越时空和我娓娓对话，促膝谈心，让一股股书香变成了自己终生都可以寄托的情感和意向。

读什么书？怎么选读？冰心说："读书好，读好书。"什么书才是好书？我理解：好书，就是自己需要的书，这应该是首选。我教文化课的时候选过一些文化基础方面的书；业余时间则读了不少中外经典，以及新出版并走红的文学著作——根据自己的需要和偏爱选择读物，这大概是一般规律。

阅读的关键是怎么才能让知识的太阳照到心底，让文化的温情滋润周身，让纸韵书香启迪智慧，升华人生，真正找到安身立命的方式。孔夫子说："朝闻道，夕死可矣。"可见人生在世之要，莫过于闻道和做人。所以读书要和读人结合起来。其实，读人也是读自己，故在阅读中应自觉医愚治蠢，努力使自己成为一个有道德有文化的干净人。

在老一辈文化大家中，我很敬佩钱穆先生。这位仅有初中文凭，也没有留学背景，完全靠自学的国学大师，学问很高，但甘为孺子牛，一生都是个教书人。1930年后，历任燕京、北大、清华、西南联大等大学教授。他著述颇丰，专著达80多种，与钱锺书和杨绛先生不仅是同乡而且时有交往。杨绛有一篇散文叫《车过古战场》，写的就是与钱穆先生同行赴京的追忆。我是通过读杨绛的书，知晓钱穆大名的。后来，当我阅知钱老还是大科学家钱伟长的亲叔并亲自为其侄起名时，脑海里立刻闪现出"最是书香能致远"这句古老而闪光的名言。钱穆的《中国文学论丛》中，有些话对我启发很大，让我看到了在阅读中"闻道和做人"的途径。他说："我们学做文章，读一家作品，也该从他笔墨去了解他胸襟。""故中国人学文学，实即是学做人一条径直的大道。"在谈到读诗的时候，他更具体也更深刻地指出："读诗与读人结合，才是读诗的本意——读诗便是学做人。"可见钱穆对在读诗中学做人尤为重视。

读钱穆时，我们可以从其笔墨了解他的胸襟和品格修养。他出生那年，正是甲午战败割让台湾之时。他的一生都与甲午战败的时代忧患相终始。无论是治学还是读书自学，都贯穿着这种强烈的民族忧患意识和爱国家爱民族爱中华文化的真情。钱穆这个没有大学文凭的国学宗师在小学、中学任教期间，白日教书晚间自学，勤勉不辍。自称"未尝敢一日废学"。夜间读《昭明文选》，极倦始入睡。夏夜为防蚊虫叮咬，把双脚纳入瓮中坚持夜读……看了这些情节，使我对钱穆先生的胸襟及其人品有了较为深刻的了解。撩开自己的肺腑，剖析心灵，真的是感到很愧疚——现在自己的读书条件也不错，但读书的觉悟，读书的精神，读书的毅力，都相差太远。想来想去，主要还是在读书的认识上缺少对国家对民族的真情。想当年，自己读书的动力就是为了写好作文，后来虽然能和工作结合起来，但对读书和读人的关系认识比较迟缓，对读书和国家与民族的关系更考虑不多。钱穆读了一辈子书，只是做教书人，一生不仕。读书如果是为了功利，为仕途，或者为了发财、出名……那就和读书的趣味成了两股道上的车，最终对社会对自己都不会有什么好处。读钱穆以后，能帮我们认识到，读书一定要和读人结合，一定要自觉解剖自己，把真实的自己亮出来，真正做到在读书中读懂自己。这才能在阅读中学做人——做一个对社会有用的人。

读书和读人结合，首先是要理解书的内涵，特别是让那些经典名著中的思想光辉成为自己前行的路灯。实际上，阅读就是学文化。文化、文化，最关键的是要将"文"落实到"化"上面，化到自己的心灵中，化到自己的生活和工作上，甚至要化到为人处事的举止言行中——这就是人们所说的气质。古人说："腹有诗书气自华。""气自华"是高品味大气度的美丽，这是对读书人的赞誉，也是对读书人的要求。人类精神文明的成果是以书籍的形式保存下来的，要享用这些精神财富并将之传承下去，前提就是要读书。这里所说的书，有文学和理学之分，理学家的书讲的是人生哲理；文学家是靠具体的人物形象真切地讲述人生。理学的书就像父兄对子弟讲理说教；文学的书都有像朋友般的人物，和你一路说笑畅谈，能让你感到亲切温情，方便在阅读中学做人。

读书和读人结合，这里说的人，我体会应包括三个方面：一是写书的人；二是书中的人；三是读书的人。为什么把读书的人也包括进去呢？不联系实际，不把自己摆进去，谈何在读书中学做人。

在当代作家中，赵树理一直是我心中的榜样。在读他的作品时，其高蹈的精神境界也使我逐步领悟到一些看起来很简单，但要做到也并不容易的人生哲理。1957 年，我读过他给女儿的一封信，题目是《愿你决心做一个劳动者》。女儿高中毕业后，择业时，赵树理建议她回原籍农业社务农，或者在北京当售货员、售票员、理发员。他在信中说："我当作家你理发，我头发长了请你理，我写出小说来供你读，难道不是合理的社会分工吗？"这就是当时在北京文化部门担任重要职务，而且在全国都很著名的作家赵树理对女儿择业的态度。那时候，只要他说一句话，还愁不能给女儿安排个满意的工作吗？但他没说，却写了那样的信。我那年十九岁，参加工作刚一年。他对女儿那两句话，直到现在仍记忆犹新。在四十多年的工作中，当遇上某些情况时，他的话就会时不时地在脑海里闪现，这或许也是学做人的一种过程吧。在那封信的末尾还有一段话，对我教育也很深："听你的同学说，你近来写了几篇文章（内容我没打听），我不反对，但也不敢贸然鼓励。我是从二十多岁起就爱好文艺的，而且也练习过，但认真地写还是38岁以后的事。业余时间可以写作，但一定要认识什么是'业'，什么是'余'，爱业务的精神应当超过爱写作的精神好多倍。"这段话虽然是对他的女儿说的，但我也受益匪浅。从1957年发表第一篇散文开始，我就成了业余作者，直到现在也没放下手中的笔。怎么处理"业"和"余"的关系——既要把本职工作搞好，又要坚持业余写作，始终是我面临的最经常最关键最实际也是最棘手的问题。现在回过头来看：从参加工作第一天起，一路走来，可以说在工作过的十多个岗位上，都基本完成了各项工作任务；在业余创作上，约有200万字的作品面世——这里我没有一点儿想夸口的意思，只是想说，在这么长的时间里，总体看还算是正确地处理了"业"和"余"的关系。而处理这关系的指导思想就是来自赵树理那段关于业余写作的教导。1995年5月，中国煤矿文联在扬州召开文学创作座谈会，我很想去参加，但当时单位工作确实很多，总经理不同意我离开。考虑再三，我只好委托一位年轻的文学爱好者代我参加了会议，请她将会上的全部讲话和经验介绍都录好音带回来。后来，我在坐车公出的路上将录音都听了一遍，陈建功和刘庆邦的创作谈还重放了一次，收获还不小。就这样将这次"业"和"余"的矛盾算是比较圆满地解决了。每逢解决这些矛盾时，我都很感谢赵树理。他不仅是我们写作的榜样，也是做人做事的楷模。这也使我真的尝到了在阅读中医愚治蠢的甜头。

比较而言，我读诗不多，但总还是想挤时间读一些。在古代诗人中，我更喜欢的是陆放翁。他虽屡受奸臣的陷害排挤，一生仕途不顺，但其胸襟纯净高洁，爱国热情一直不减，到晚年仍不忘民族大义，生命垂危之时，内心的伤痛仍是"但悲不见九州同"，并"示儿"："王师北定中原日，家祭无忘告乃翁。"这诗，不知使多少人受到过感动。即此一端，可见放翁境界之高，心灵之美。

在当代诗人中，我特别崇敬的是陈毅元帅。1936 年的《梅岭三章》，是他在"余伤病伏丛莽间二十余日，虑不得脱"的紧要关头写下的——"断头今日意如何？创业艰难百战多。此去泉台招旧部，旌旗十万斩阎罗"。这是在生死考验面前，视死如归的雷霆万钧之声——牺牲后，也要组织牺牲之旧部，再以十万大军，高举旌旗斩阎罗！真是胸中有万丈正气，笔下就有万军之力。这大气磅礴气度恢宏的《梅岭三章》，将陈毅元帅胸怀豪放、豁达乐观的气质和意境开阔、朴实平易的性格都清澈见底地呈现在读者面前了。依马走笔，秉笔勤书，在革命生涯中的每个时期，他都为我们留下了感人的诗篇。读诗就是读人——陈毅元帅其诗，是我们的精神财富；陈毅元帅其人，是我们的学习榜样。

在读陈毅的《梅岭三章》时，我脑海里还呈现出梁东先生的《电工》一诗："何曾云外战坚冰，高奏横天弹拨声。传令三军三万里，接通十亿上元灯。"这诗写的是2008年我国遭受特大雪灾时，电工们顶风冒雪在高空赶修线路的事迹。陈毅和梁东两位诗人所处时代不同，所在岗位不同，所写内容不同……然而我在读《梅岭三章》时，总是会很自然地想到《电工》。为什么会是这样？后来我想，这大概是两位诗人的作品中那庄严雄伟的气度和恢宏壮阔的气势，以及淋漓畅快的气象所致。人品决定作品，作品源于人品。两位诗人都把他们的崇高品格和博大的胸怀气魄深沉而完美地融进了诗作之中，这大概就是他们的契合点。梁东先生是当代的诗词大家，是中华诗词学会的主要领导。他在主持煤矿文联工作期间更是做出了有目共睹的贡献，给人们留下了难以忘怀的印象。他的书法，他的散文和他的诗词一样豪放敞快、格高韵美。每次阅读他的不管是何种形式的作品，都会感到有股沁人心脾的书香悠悠地进入心底之中。梁东先生是我们煤矿文化界的骄傲，他一直是我心中的好领导、好兄长、好老师。"读诗便是学做人"。他的《咏煤》不少矿工都读过——"万载苍茫沉睡中，当年应是碧葱葱。只求人世春常在，化作烟尘炼彩虹"。梁老为求人世春常在，一直在煤矿奔波，也为文化建设殚精竭虑，现在已满头白发，仍笔耕不辍，是近在我们眼前的好榜样。同时，也为我们在读诗中学习做人搭建了极好的平台。

读书读人读自己——在读书中学习做人，最重要的是读懂怎么做人，做什么样的人——这只有在读书中慢慢体味。